Auf den **Berufsseiten** werden bekannte und weniger bekannte Berufe, die in enger Verbindung zu den Inhalten der Kapitel stehen, kurz vorgestellt.

Im jeweils folgenden **Kapitel** werden Sachverhalte, Begriffe und Zusammenhänge in übersichtlicher Form dargestellt und am Produktbeispiel des **SOMA-Würfels** erläutert und angewandt.

Merkstoff ist gelb unterlegt und mit M gekennzeichnet.
Ergänzende Informationen sind blau unterlegt.
Arbeitsmethoden sind mit einem blauen Balken am Rand markiert.

Auf den **Überblicksseiten** am Ende eines Kapitels sind die wichtigsten Inhalte und Erkenntnisse zusammengefasst.

Ende des Buches dienen zur weiteren Orientierung.

Produkte
kommen auf den Markt

Arbeit · Wirtschaft · Technik

Herausgeber
Dr. Wolfgang Pospischil
Bernd Wöhlbrandt

Herausgeber
Dr. Wolfgang Pospischil
Bernd Wöhlbrandt

Autoren
Thomas Köhler
Renate Randhahn
Bernd Wöhlbrandt

1. Auflage

1 ^{5} ^{4} ^{3} ^{2} ^{1} | 2007 2006 2005 2004 2003
Alle Drucke dieser Auflage können im Unterricht nebeneinander benutzt werden.
Die letzte Zahl bezeichnet das Jahr dieses Druckes.

Redaktion: Rolf Langenhan
Reihengestaltung und Umschlag: Britta Scharffenberg
Layout und Zeichnungen: Marlis Konrad, Matthias Reich, Dieter Ruhmke
Druck: Druckerei zu Altenburg GmbH
ISBN 3-89818-650-4

Inhaltsverzeichnis

Bildquellenverzeichnis

**Betriebe
gestern und heute**

Dein berufliches Selbstkonzept

Warum gehst du in die Schule?

Diese Frage kann man ganz unterschiedlich beantworten. Konzentrieren wir uns auf die wichtigsten Dinge, so kommt man zu dem Schluss: Die Schule soll dir helfen, deinen Platz im Leben zu finden.

Was heißt das?

Der Mensch hat Wünsche und Träume. Du möchtest ein schickes Auto fahren, viel reisen, eine Wohnung einrichten und eine Familie gründen. Damit diese Wünsche in Erfüllung gehen, musst du entsprechend arbeiten; eine gute Einkommensquelle ist notwendig.

Wo gibt es diese Einkommensquelle?

Die wichtigste Einkommensquelle ist der Beruf, den man ausübt. Er ist die finanzielle Grundlage für den Haushalt und die Lebensführung. Es macht keinen Sinn, einfach irgendeinen Beruf zu erlernen.

Welcher Beruf passt denn zu mir?

Gute Frage. Du hast sicherlich besondere Vorlieben und Interessen, magst dich gerne mit anderen unterhalten oder in der Werkstatt basteln. Du musst wissen, was du magst und kannst! Das ist sehr wichtig, denn es gibt über 350 anerkannte Ausbildungsberufe.

350 Berufe?
Wie soll ich da den für mich richtigen Beruf finden?

Siehst du, da sind wir wieder am Anfang. Die Schule wird dir helfen, deine Freunde, deine Eltern und auch die Berater vom BIZ (Berufsinformationszentrum) des Arbeitsamtes. Du kannst sehr viel erfahren, um dich dann für den richtigen Beruf zu entscheiden. Aber schon jetzt steht fest:
Nur du kannst diese Entscheidung treffen. Also, schau dich um und suche!

Berufe-Steckbrief

In jedem Kapitel wirst du auf dieser Seite grundlegende Informationen zu zwei Berufen finden. Sie sind passend zu den folgenden Kapiteln gewählt. So erhältst du, zusätzlich zu den **Steckbrief-Informationen,** weitere Hinweise zum erforderlichen Wissen und Können für diese Berufe.

1.1 Betriebsformen im Wandel der Zeit

Der Mensch arbeitet schon immer, um sich ernähren und kleiden zu können und sich eine geschützte Wohnumwelt aufzubauen. Heute übernehmen Betriebe die Mehrzahl der dazu nötigen Arbeiten. Doch wie war es früher? Wie haben sich Betriebe im Laufe der Zeit verändert?

Beginnende Arbeitsteilung

Bereits die Menschen der urgeschichtlichen Kulturen Europas lebten in Gruppen. Dies war eine zwingende Voraussetzung, um das Überleben zu sichern. Junge und gesunde Männer sind von Natur aus viel stärker als Alte oder Kranke. Deshalb gingen sie für alle auf die Jagd nach großen Tieren. Anfallende Arbeiten wurden in der Gruppe nach Geschlecht, Alter und Leistungsvermögen verteilt. Dies bezeichnet man heute als **natürliche Arbeitsteilung.**

Einzelne Gruppenmitglieder zeichneten sich bei bestimmten Arbeiten durch besonderes Geschick oder großen Ideenreichtum aus. Durch die ständige Weitergabe der gesammelten Erfahrungen entwickelten sich über Generationen allmählich Spezialisten, z. B. für das Jagen, das Sammeln von essbaren Pflanzen und Früchten, die Herstellung von Werkzeugen, Waffen und Geräten, das Errichten der Unterkünfte oder das Gerben und Verarbeiten der Felle.

Hier liegen die historischen Wurzeln solcher späteren Berufe wie Jäger, Landwirt, Steinmetz, Gerber, Schneider, Zimmerer, Maurer, Töpfer oder Weber. Der Charakter der natürlichen Arbeitsteilung änderte sich zunehmend.

Der vor ungefähr 6 000 Jahren beginnende Übergang vom bloßen Sammeln und Jagen zum Anbau von Pflanzen und der Haltung von Tieren leitete die **gesellschaftliche Arbeitsteilung** ein. Sie machte neue Werkzeuge und Arbeitsgeräte notwendig. Das zunehmende Wissen einzelner Menschengruppen über Metalle schuf in der Bronze- und Eisenzeit (vor ca. 5 000 bzw. 3 000 Jahren) die Voraussetzungen zur Herstellung formbarer Werkzeuge mit höherer Haltbarkeit, z. B. Äxte, Messer und Sicheln.

Menschengruppen, die keine metallenen Werkzeuge herstellen konnten, waren dennoch sehr daran interessiert. Die dadurch steigende Nachfrage förderte den Tauschhandel. Gleichzeitig begann sich das Handwerk immer mehr vom Ackerbau abzuspalten. Damit setzte sich die gesellschaftliche Arbeitsteilung fort, in der sich die Arbeitsprozesse in der Landwirtschaft, im Handel und im Handwerk aufgliederten.

1 Mammutjagd

2 Werkzeuge aus der Bronzezeit

Handwerksbetriebe

Der Prozess der Abspaltung des Handwerks vom Ackerbau begann ungefähr 1500 v. Chr. in Nordafrika und Kleinasien.

In Mitteleuropa begann dieser Prozess viel später. Geschickte Handwerker unter den Bauern siedelten im Umkreis von Burgen, Klöstern, Kirchen und Handelsplätzen. Mit einer Welle von Stadtgründungen, oft in Fluss- und Küstennähe, bildete sich ab dem 12. Jahrhundert ein selbstständiger Handwerkerstand heraus.

Die Ausführung der notwendigen Arbeiten erfolgte in einem Handwerksbetrieb vorrangig durch Handarbeit, die oft von einer einzigen Person ausgeführt wurde.
Weitere Merkmale von Handwerksbetrieben waren eine kleine Betriebsgröße und der Verkauf der Produkte in unmittelbarer Umgebung.

M Der Handwerksbetrieb ist eine Betriebsform, bei der Produkte oder Leistungen vorrangig in Handarbeit einzeln hergestellt oder erbracht werden.

1 Mittelalterliches Töpferhandwerk

2 Typische Produkte zur Unterstützung der bäuerlichen Arbeit

Auf dem Gebiet des heutigen Mecklenburg-Vorpommern bestand vom Mittelalter bis zum 19. Jahrhundert das in vielen Ortschaften anzutreffende **Dorfhandwerk** u. a. aus folgenden Berufen: Böttcher, Drescher, Häcker, Hirte, Krüger, Radmacher, Schmied, Schneider, Schuster, Weber und Zimmermann.
Weiterhin gab es bei uns zur Unterstützung der bäuerlichen Arbeit acht nicht in jedem Ort anzutreffende handwerkliche **Kleinbetriebe.**

Vereinzelt vorkommende handwerkliche Kleinunternehmen ab dem Mittelalter	
Kleinbetrieb	**Beschreibung**
Glashütte	hauptsächlich braunes und grünes Gebrauchsglas
Holländerei	Vorform der späteren Molkereien zur Butter- und Käseherstellung
Köhlerei	Herstellung von Holzkohle für die Schmiede oder Glashütte
Mühle	zunächst Wasser-, später auch Windmühlen zum Kornmahlen, zur Ölgewinnung, Bearbeiten von Wolle, zum Wasserpumpen und Holzsägen

Vereinzelt vorkommende handwerkliche Kleinunternehmen ab dem Mittelalter	
Kleinbetrieb	**Beschreibung**
Schäferei	waren meist Gutsschäfereien, in denen man Schlachtungen, Wollschur und Käseherstellung betrieb
Schmiede	Herstellung von Hufeisen, Wagenreifen, Pflugscharen und anderem Eisengerät
Teerbrennerei	Teerherstellung aus Kiefernholz zum Abdichten von Holzfässern und Wassereimern, zum Imprägnieren von Seilen und Netzen und zur Nutzung als Wagenschmiere durch Vermischen mit Öl
Ziegelei	Herstellung grober Ziegel und begradigter Ziegel für Außenwände sowie spezieller Formsteine

1 Das Bild zeigt die **Berufsstandszeichen** des deutschen Handwerks von 1956 (links) und von 1992 (rechts).

In den größeren Städten waren viel mehr Handwerker tätig. Diese schlossen sich innerhalb des betreffenden Gewerbes vom 12. bis 18. Jahrhundert in Zünften zusammen.

Die **Zunft** war eine Vereinigung von berufsgleichen Handwerkern, die als Interessenvertretung eine Aufsicht über alle Mitglieder ausübte und ihnen Schutz und Hilfe bot. Jeder Handwerker musste der jeweiligen Zunft beitreten.

Heute sind die Handwerksbetriebe den **Handwerkskammern** zugeordnet. Jedes Gewerbe besitzt ein Handwerkszeichen. Das Handwerk ist in unserem Bundesland ein sehr bedeutender Wirtschaftsbereich.

Auch die Handelsleute bildeten vom 11. bis 16. Jahrhundert Vereinigungen, um ihre Interessen machtvoller vertreten sowie sich besser gegen die zunehmende Piraterie wehren zu können. Die bedeutendste Vereinigung war die **Hanse,** die als Bund der Hansestädte in die Geschichte einging.

Hansestädte im heutigen Mecklenburg-Vorpommern waren Rostock (seit 1259), Wismar (seit 1259), Greifswald (seit 1278), Anklam (seit 1283), Demmin (seit 1283) und Stralsund (seit 1293). Diese hatten insbesondere Verbindungen zu den Hansestädten des Ostseeraumes.

Glashütten in Mecklenburg-Vorpommern

Es gab im mecklenburgisch-vorpommerschen Raum in den Jahren von 1650 bis 1900 schätzungsweise 120 bis 130 Glashütten. Sie waren, wie im heutigen Glaser Moor (daher auch dessen Bezeichnung) bei Kritzow südwestlich von Brüel, oft im Wald erbaut.

Die Holzkohle, welche zum Schmelzen der für die Glasherstellung erforderlichen Rohstoffe notwendig war, stammte aus nahe gelegenen Köhlereien. Diese befanden sich immer im Wald. Die Bäume wurden gefällt und deren Stämme zu großen Holzscheiten zerkleinert. Aus diesen wurden Holzmeiler aufgeschichtet, in denen, in einem mehrere Tage andauernden Schwelbrand, Holzkohle entstand. Durch die Nähe von Holzgewinnung, Köhlerei und Glashütte entfielen lange Transporte. Diese waren in der Zeit sehr aufwändig, wichtigstes Transportmittel waren Wagen mit Pferde- oder Ochsengespannen.

Die letzte Glashütte auf dem heutigen Gebiet von Mecklenburg-Vorpommern produzierte Waldglas von 1665 bis 1929 in der Ortschaft Glashütte im heutigen Amt Löcknitz.

Verlagsbetriebe

Die Herstellung von Stoffen und Metallwaren war im Mittelalter ein sehr aufwändiger Prozess. Heimarbeiter fertigten und verkauften diese, wobei sich der Verkauf bei den geringen Mengen als problematisch darstellte. Daher entwickelte sich seit dem 14. Jahrhundert ein ländliches Verlagshandwerk. Der **Verleger** kümmerte sich um die Rohstoffbeschaffung und den Verkauf. Die Anschaffung von Werkzeugen und die Warenherstellung waren Angelegenheit der Heimarbeiter.

 Der Verlagsbetrieb ist eine Betriebsform, bei der Produkte durch unter Vertrag stehende Heimarbeiter hergestellt und an einen Verleger verkauft werden.

Das Prinzip eines Verlages gab es später auch bei der Bierherstellung. Ende des 16. Jahrhunderts wurden allein in Rostock etwa 250 Braustellen gezählt.

Manufakturen

Der steigende Bedarf an Kleidung, speziell aus Wolle, konnte mit der Zeit durch die kleinen Handwerks- und Verlagsbetriebe nicht mehr gedeckt werden. Die Verlagsbetriebe lieferten außerdem unterschiedliche Qualitäten. Deshalb entstanden im 16. Jahrhundert in Mecklenburg und Vorpommern in einigen Städten größere Betriebe, die Wollmanufakturen. Hier waren zahlreiche Beschäftigte, die nicht mehr alle Arbeitsgänge beherrschen mussten, tätig. Die betriebliche Spezialisierung setzte ein. Dies hatte vor allem den Vorteil, dass der Spezialist durch ständiges Wiederholen gleicher Arbeitsschritte so perfekt wurde, dass die Qualität der Produkte stieg und die für die Herstellung benötigte Zeit sank.

 Die Manufaktur ist eine Betriebsform, bei der Produkte arbeitsteilig in vorrangiger Handarbeit massenhaft hergestellt werden.

Auch heute gibt es bei uns noch Manufakturen. Aus an der Ostseeküste gesammelten Bernstei-

1 Bernsteinkette

nen werden in einer Manufaktur in Ribnitz-Damgarten herrliche Schmuckstücke gefertigt. In Retzow südlich von Plau am See stellt eine Leinen- und Filzmanufaktur klassische Leinenstoffe und kunstvolle Filzprodukte her.

Im Gegensatz zu anderen deutschen Gebieten gab es bei uns keine Porzellan-, Metall- oder Glaswarenmanufakturen. Eine Ursache dafür war die geringe Bevölkerungszahl, die infolge des Dreißigjährigen Krieges von 300 000 auf 50 000 Mecklenburger und Mecklenburgerinnen sank.

Fabriken

In den wirtschaftlichen Ballungsgebieten Europas hätten sehr große Manufakturen entstehen können. Aber es gab keine dauerhaft leistungsstarken Antriebsmaschinen, die vorhandenen Wasser- und Windräder waren wetterabhängig und konnten nur zeitweise Energie liefern.

Als Ergebnis eines langwierigen Prozesses entwickelte JAMES WATT (1736–1819) vorhandene Dampfmaschinen so weiter, dass sie eine Drehbewegung erzeugen konnten.

Bald wurden Schiffe, Lokomotiven, Dresch- und weitere Arbeitsmaschinen mittels **Dampfmaschine** angetrieben. Die Handarbeit wurde in den Manufakturen zunehmend verdrängt. Der Technisierungsgrad in der Manufaktur nahm beständig zu, so dass sich daraus als neue Betriebsform die Fabrik entwickeln konnte.

Entwicklungslinie der Dampfmaschine als Universalantrieb		
Jahr	Erfinder	Erfindung
1657	OTTO VON GUERICKE	Luftpumpe
1690	DENIS PAPIN	Dampfhebekessel
1698	THOMAS SAVERY	atmosphärische Dampfmaschine
1712	THOMAS NEWCOMEN	Dampfpumpe mit zweiarmigem Hebel
1769	JAMES WATT	einfach wirkende Dampfmaschine
1782	JAMES WATT	doppelt wirkende Niederdruck-Dampfmaschine
1796	RICHARD TREHITVICK	Hochdruck-Dampfmaschine

M Die Fabrik ist eine Betriebsform, bei der Produkte in vorwiegend maschineller Massenfertigung hergestellt werden.

1 Dampfmaschine von JAMES WATT

In den Fabriken wurden große Mengen gleicher Güter bei einer weit gehenden Arbeitsteilung hergestellt. Durch den verstärkten Einsatz von Maschinen konnten ungelernte Arbeitskräfte eingesetzt werden. Der ungeheure Bedarf an Arbeitskräften wurde durch die massenhafte Zuwanderung vom Land in die Stadt abgedeckt. Sie resultierte aus der gleichfalls zunehmenden Mechanisierung der Landwirtschaft, die ihrerseits Arbeitskräfte beschäftigungslos machte.

Dampfschiffe und **Eisenbahnen** konnten zunehmend große Produkt- und Rohstoffmengen schnell und über weite Strecken transportieren, ein Verkauf war nun auch weitab der Fabrikstandorte leicht möglich. Die Fabriken konnten durch diese Warenverteilung und dem Erschließen immer neuer Absatzmärkte mehr produzieren. Auch im dünn besiedelten Mecklenburg und in Vorpommern begann die in Europa längst stattfindende **Industrialisierung.** Waren lange Zeit die Land-, Forst- und Seewirtschaft typisch, entstanden besonders ab dem 19. Jahrhundert mit der europaweiten industriellen Revolution, wie man diese Zeit auch nannte, eine Reihe von überregional bedeutsamen Fabriken.

Natürlich wurden auch bei uns Dampfmaschinen, zuerst meist englische, eingesetzt. Der Mecklenburger **Dr. ERNST ALBAN** (1791–1856) verbesserte diese und baute Dampfmaschinen selbst. So trieb eine seiner Dampfmaschinen in den Jahren 1839 bis 1900 in einer Plauer Textilfabrik die dortigen Maschinen an.

2 Ein Kanaldeckel, gegossen von der ehemaligen Eisengießerei Robert Klingebiel aus Schwerin

Fabrikgründungen auf dem heutigen Gebiet von Mecklenburg-Vorpommern (Auswahl)		
Jahr	**Fabrik**	**Ort**
1804	Zichorien- und Kaffee-ersatzfabrik J. H. L. Hoffmann	Parchim
1829	Maschinenfabrik Dr. Ernst Alban	Klein Wehnen-dorf
1839	Maschinenfabrik Andersen (später Kähler)	Güstrow
1840	Maschinenfabrik Dr. Ernst Alban	Plau
1850	Eisengießerei und Ma-schinenfabrik Crull & Co (ab 1879 Paul Heinrich Podeus).	Wismar
1850	Schiffswerft und Ma-schinenbauanstalt Wilhelm Zeltz und Albrecht Tischbein (ab 1890 Aktiengesellschaft „Neptun")	Rostock
1851	Güstrower Gasanstalt	Güstrow
1851	Papier- und Zellulosefa-brik Gottfried Rasenack	Parchim
1862	Chemisch-pharmazeuti-sche Fabrik Friedrich Witte	Rostock
1878	Dampfbierbrauerei Mahn & Ohlrich	Rostock
1880	Landmaschinenfabrik	Barth
1896	Zuckerfabrik Tessin	Tessin
1900	Eisengießerei Robert Klingebiel	Schwerin
1907	Dampfziegelei Herrmann Wolff	Benzin bei Lübz
1922	Heinkelwerke	Rostock
?	Maschinenbau-Anstalt und Eisengießerei Gebrüder Maass	Neustrelitz

1 Gesamtansicht der ältesten Parchimer Fabrik

Industriebetriebe

Viele neue Erfindungen und Produkte (z. B. Auto-mobil, Telefon) förderten die Verkaufs- und Stück-zahlen. Die Menschen wollten diese Produkte ha-ben, um sich so das Leben zu vereinfachen. Dies und die umfassende Nutzung der Elektroenergie, der Einsatz neuer Werkstoffe und Herstellungsver-fahren veränderten wesentlich den Charakter der Produktion. Die Fabriken wurden immer größer und stellten die Produkte immer kostengünstiger und massenhafter her. Die Fabriken des 19. Jahr-hunderts entwickelten sich zu Industriebetrieben.

Heutige Industriebetriebe besitzen aufgrund der ausgeprägten **Spezialisierung** zahlreiche Bereiche, oft sogar mehrere Betriebsteile. Die Arbeitsgänge werden überall zunehmend mit automatisch ar-beitenden Maschinen ausgeführt. Daten verarbei-tende Systeme kommen dabei in allen Bereichen zum Einsatz. Alle Tätigkeiten sind auf eine Mate-rial-, Energie- und Zeiteinsparung ausgerichtet.

Trotz der geringen Bevölkerungsdichte und star-ken Ausrichtung auf die Landwirtschaft entwi-ckelten sich auch auf dem Gebiet des heutigen Mecklenburg-Vorpommern einige bedeutende Industriebetriebe.

 Der Industriebetrieb ist eine große Produkti-onsstätte mit hoch spezialisierten Bereichen, in denen Produkte massenhaft durch zuneh-mend automatisch arbeitende Maschinen hergestellt werden.

1 Ansicht der Podeus-Werke Wismar

HEINRICH PODEUS (1832–1905) handelte zunächst in Wismar mit Holz, Kohle und Eisen. Durch Zukäufe von Maschinenfabriken und Eisengießereien konnten die 900 Mitarbeiter u. a. Eisenbahnwagen und Automobile herstellen.

Die 1890 gegründete Neptunwerft in Rostock entwickelte sich durch eine kluge Unternehmensführung zu dem wichtigsten Schiffbaubetrieb im Norden. Hier waren 1925 mehr als 1 000 Menschen tätig.

Im Jahr 1913 verlegte der 23-jährige Holländer ANTHONY FOKKER (1890–1939) seinen Flugzeugbaubetrieb von Berlin nach Schwerin. 1918 waren dort bereits 2 000 Menschen beschäftigt, die von einigen Flugzeugtypen auch größere Stückzahlen produzierten. Nach Kriegsende ging FOKKER nach Amsterdam zurück.
ERNST HEINKEL (1888–1958) gründete 1922 mit zunächst 15 Mitarbeitern in Rostock ein Flugzeugwerk.

Die Heinkelwerke zählten 1932 über 1 000 Mitarbeiter. Hier wurde die Serienfertigung im Flugzeugbau eingeführt und das erste Strahlflugzeug der Welt entwickelt und gebaut.

Nach dem Zweiten Weltkrieg gab es bedeutende Betriebsgründungen in Mecklenburg und Vorpommern. Es entstanden eine Reihe neuer großer **Werften,** so die Mathias-Thesen-Werft in Wismar (1946 – Schiffreparatur), die Warnow-Werft in Warnemünde (1954 – Frachtschiffe) und die Volkswerft in Stralsund (1948 – Fischereischiffe). Neben den genannten Werften entstanden auch in anderen Landesteilen große Industriebetriebe, wie der VEB Lederwarenwerk Schwerin mit mehr als 2 000 Beschäftigten und der VEB Schiffselektronik, ein wichtiger Zulieferbetrieb für die Werften an der Ostseeküste, in Greifswald.

Mit der Einheit Deutschlands im Jahre 1990 änderte sich die wirtschaftliche Situation völlig. Die Betriebe wurden privatisiert. Die Produkte mussten vielfach in kurzer Zeit eine neue Qualität erhalten. Auch der Verkauf der Produkte war neu zu organisieren. Viele Betriebe haben diesen Umstellungsprozess nicht geschafft und stellten ihre wirtschaftliche Tätigkeit ein. Zugleich konnten aber auch neue Chancen wahrgenommen werden. Dazu gehören die Nutzung und Entwicklung neuester Technik und Technologien oder die Erschließung von Marktnischen.

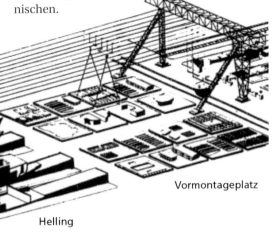

Vormontageplatz

Helling

2 Prinzip der Fließfertigung im Schiffbau

1.2 Wirtschaftssektoren

Die Wirtschaft eines Landes ist heute durch eine starke gesellschaftliche Arbeitsteilung geprägt. Eine Vielzahl von Unternehmen und Berufen sind mit den unterschiedlichsten Aufgaben beschäftigt.

Deshalb ist eine Zusammenfassung ähnlicher Aufgaben in Gruppen zweckmäßig. Am einfachsten erfolgt dies nach der jeweiligen Stufe der Produktion in den so genannten **Wirtschaftssektoren: Urproduktion, Produktion** und **Dienstleistung.**

Wirtschaftssektoren können auch nach der Stellung der Wirtschaftsteilnehmer eingeteilt werden. In diesem Fall unterscheidet man zwischen den privaten Haushalten, Unternehmen, Geldinstituten, dem Staat und dem Ausland.

Urproduktion

Zeitlich gesehen betrieb der Mensch in seiner Entwicklung zunächst ausschließlich die Urproduktion. Darunter versteht man die Produktion von Gütern unter Einbeziehung der Natur.

Bereiche der Urproduktion	
Bereiche	**Berufsbeispiel**
Landwirtschaft	Landwirt/in
Gartenbau	Gärtner/in
Forstwirtschaft	Forstwirt/in
Fischerei	Fischwirt/in
Bergbau	Bergbautechniker/in

Eine weitere Untergliederung ist möglich. So unterscheidet man in der Fischerei die Seen- und Flussfischerei. Gemeinsames Merkmal aller Bereiche ist, dass hier Rohstoffe aus der Natur gewonnen werden. Boden und Wasser sind besonders wichtig. Die Urproduktion liefert wichtige Voraussetzungen für das menschliche Leben.

1 Eingangsschild des Biohofes in Medewege bei Schwerin

M Die Urproduktion ist der Wirtschaftssektor, in dem Rohstoffe durch Nutzung oder Abbau der Erdoberfläche gewonnen werden.

In Mecklenburg-Vorpommern hat die Urproduktion traditionell einen großen Stellenwert. Deshalb werden bei uns sehr viele Berufe der Urproduktion ausgebildet.

Neuere Trends sind durch einen besonders hohen Anteil an ökologisch arbeitenden Landwirtschaftsbetrieben und durch die umfangreiche Nutzung der Windenergie gekennzeichnet.

Aber auch der Bergbau wird in Mecklenburg-Vorpommern groß geschrieben. Neben zahlreichen eiszeitlichen Kieslagerstätten gibt es bedeutende Kreidevorkommen, aus denen z. B. Wandtafelkreide und Heilkreide hergestellt werden.

Eine mehr als 100 Millionen Tonnen umfassende Lagerstätte eines speziellen Blautones baut die Friedländer Tongesellschaft mbH mit über 100 000 Tonnen jährlich ab.

Von 1961 bis 1996 wurde im vorpommerschen Reinkenhagen ein besonders wertvolles Erdöl gefördert. Heute erfolgt eine Förderung in Lütow-Krummin auf Usedom. Die größte gefundene Lagerstätte im Seegebiet von Heringsdorf wartet noch auf ihre Erschließung.

1 Erdölförderung in Reinkenhagen

Produktion

Die Mehrzahl der in den Bereichen der Urproduktion erzeugten Rohstoffe wird nicht direkt verbraucht. Sie werden überwiegend im „nachfolgenden" Wirtschaftssektor Produktion be- und verarbeitet. Dies erfolgt vor allem in Betrieben des Handwerks und der Industrie.

> **M** Die Produktion ist der Wirtschaftssektor, in dem Rohstoffe be- und verarbeitet werden.

In Mecklenburg-Vorpommern hat vor allem die mit der Urproduktion verbundene be- und verarbeitende Industrie traditionelle Wurzeln.

Hierzu zählen die Lebensmittelindustrie, das Brauereiwesen, die Holzverarbeitung, der Landmaschinenbau und der Schiffbau.

Be- und verarbeitende Industrie	
Bereiche	**Beispiele**
Grundstoffindustrie	chemische Industrie, Holzbearbeitung, Zellstoff- und Papierindustrie
Investitionsgüterindustrie (Produktionsgeräte, -anlagen und -maschinen)	Schiffbauindustrie, Fahrzeugbau, Optische Industrie, Elektrotechnische Industrie
Konsumgüterindustrie (Verbrauchsstoffe, -geräte und -maschinen)	Leder- und Schuhindustrie, Druckindustrie Holzverarbeitung, Textil- und Bekleidungsindustrie
Nahrungs- und Genussmittelindustrie	Lebensmittelindustrie, Brauereiwesen

Seit einigen Jahren widmen sich meist kleinere Firmen der Anwendung von Biotechnologien (Teterow), dem Bau von Windkraftanlagen (Schwerin) oder dem Bau von Flugzeugen (Neubrandenburg).

Die Bedeutung des be- und verarbeitenden Handwerks nahm in Mecklenburg-Vorpommern seit 1990 beständig zu. Heute liegen handwerkliche Berufe bei den Schulabgängerinnen und Schulabgängern in den Berufswunschlisten mit an vorderster Stelle.

2 Schweriner Schlossbrauerei

3 Außenlager für Windkraftwerke

Dienstleistung

Die Gewinnung von Rohstoffen und auch deren Weiterverarbeitung sind nicht die einzigen Tätigkeitsfelder von arbeitenden Menschen. Oft muss ein besonderer Dienst für andere in deren Auftrag erledigt werden. Viele Unternehmen, Einrichtungen und Institutionen wenden sich diesem Betätigungsfeld zu. Gemeinsames Merkmal

Dienstleistung	
Bereiche (Auswahl)	**Beispiel**
Handel	verkaufen
Verkehr	transportieren
Nachrichtenübermittlung	übertragen
Geldinstitute	überweisen
Versicherungen	Schäden ausgleichen
Kultur	unterhalten
staatliche Dienste	verwalten
freie Berufe	beraten

dieser Bereiche ist, dass Leistungserstellung und Verbrauch zeitlich zusammenfallen. Erbrachte Dienstleistungen sparen dem Auftraggeber Zeit oder eröffnen neue Möglichkeiten.

M Die Dienstleistung ist der Wirtschaftssektor, in dem nicht materielle Leistungen erbracht werden.

Traditionell hat in Mecklenburg-Vorpommern der **Verkehr** eine sehr große Bedeutung. Aufgrund seiner besonderen geografischen Lage diente und dient unser Bundesland als Drehscheibe zwischen den übrigen Bundesländern und Skandinavien, Polen und den baltischen Staaten. Der Rostocker Seehafen mit seinem 7,5 Millionen Quadratmeter großen Gelände ist einer der größten Schiffsanleger in Deutschland. An 43 Liegeplätzen können mit moderner Umschlagtechnik

1 Die Hanse-Sail in Rostock, ein Touristenmagnet

eine Reihe von Gütern gelöscht werden, darunter Getreide, Erz, Kohle, Papier, Öl und Chemikalien. Von Bedeutung sind auch der umfangreiche Fährverkehr mit Schweden, Dänemark und Litauen sowie die zunehmenden Güterliniendienste zwischen verschiedenen Ostseehäfen.

Neue und effektive Transportmöglichkeiten ergeben sich aus der West-Ost-Autobahn A 20, Lübeck–Stettin, der geplanten Nord–Süd–Autobahn A 14, Schwerin–Halle und aus dem Autobahnanschluss A 241, Schwerin–Wismar.

Ausgewählte Angaben zur Entwicklung des Tourismus in Mecklenburg-Vorpommern		
Jahr	**1992**	**2000**
Beherbergungsstätten ab 9 Betten	1 069	2 509
Gästebetten	66 336	159 061
Gäste	1 975 686	4 257 963

Auch der **Tourismus** ist ein bedeutender Wirtschaftsfaktor. Viele neue Gäste besuchen jährlich die herrlichen Ostseestrände und Landschaften.

Hier erlangte unser Bundesland in relativ kurzer Zeit vordere Plätze in der bundesdeutschen Rangliste. Die Hanse-Sail zieht jedes Jahr Hunderttausende nach Rostock. Die Veranstaltung gehört mittlerweile zu den großen maritimen Festen im Norden Deutschlands.

Die Verflechtung der Wirtschaftssektoren

Viele Produkte werden mehrfach verändert, bevor sie dem Verbraucher zur Verfügung stehen. Dabei kommt es zu vielfältigen Verflechtungen der Wirtschaftssektoren. Das Beispiel „Von der Saatkartoffel zum Festmenü" soll dies veranschaulichen. In der Urproduktion wird die Saat-kartoffel erzeugt, gepflanzt und geerntet sowie die Feldvorbereitung und Düngung durchgeführt. Der Wirtschaftssektor Produktion umfasst vor allem die Herstellung des Festmenüs durch den Koch in der Küche. Dienstleistungen sind der Transport und Verkauf, aber auch das Ein- und Abdecken des Tisches sowie das Servieren des Festtagsmenüs.

1.3 Einen Betrieb erkunden

Betriebsstruktur und Tätigkeiten

In diesem Schuljahr lernen wir, wie Produkte auf den Markt kommen. Deshalb werden uns die Betriebsstruktur und die zu verrichtenden Arbeiten der Mitarbeiter am meisten interessieren.

Ausgehend von den im Abschnitt 1.2 enthaltenen Aussagen über die **Wirtschaftssektoren,** erkennen wir, dass es wesentliche Unterschiede zwischen den Betrieben gibt. Diese sind bei der Auswahl des zu erkundenden Betriebes zu berücksichtigen. Nachfolgend werden wichtige Merkmale und Beispiele im Überblick dargestellt.

Ein Betrieb der **Urproduktion** stellt Produkte her, die zum größten Teil durch andere Betriebe weiterverarbeitet werden. Ein wesentliches Merkmal ist die Nutzung des Bodens.

Ein Betrieb der **Produktion** stellt aus Werkstoffen, die er einkauft, Produkte her. Ein wesentliches Merkmal ist die Nutzung von Maschinen und Werkzeugen.

Ein Betrieb der **Dienstleistung** stellt keine Gegenstände her, sondern erbringt Leistungen. Ein wesentliches Merkmal ist der Umgang mit Kunden.

Trotz der aufgezeigten Unterschiede werdet ihr während der Erkundung dennoch feststellen, dass der von euch ausgewählte Betrieb Merkmale besitzt, die eigentlich alle Betriebe kennzeichnen. Gemeinsam ist allen Betrieben, dass
– sie Voraussetzungen schaffen müssen, damit produziert werden kann,
– sie wissen, was produziert werden soll und wie die Produktion zu organisieren ist,
– sie am Ende der betrieblichen Prozesse etwas verkaufen, damit die Produktion fortgeführt werden kann.

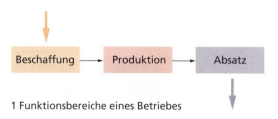

1 Funktionsbereiche eines Betriebes

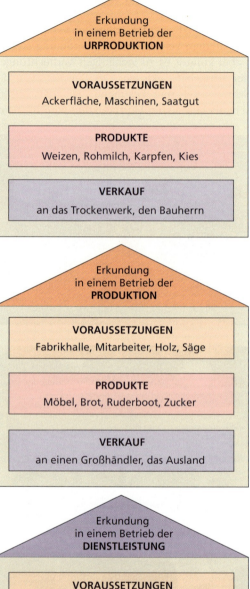

Erkundung in einem Betrieb der URPRODUKTION

VORAUSSETZUNGEN
Ackerfläche, Maschinen, Saatgut

PRODUKTE
Weizen, Rohmilch, Karpfen, Kies

VERKAUF
an das Trockenwerk, den Bauherrn

Erkundung in einem Betrieb der PRODUKTION

VORAUSSETZUNGEN
Fabrikhalle, Mitarbeiter, Holz, Säge

PRODUKTE
Möbel, Brot, Ruderboot, Zucker

VERKAUF
an einen Großhändler, das Ausland

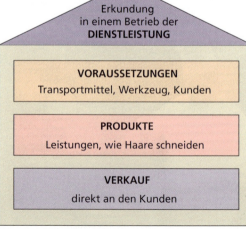

Erkundung in einem Betrieb der DIENSTLEISTUNG

VORAUSSETZUNGEN
Transportmittel, Werkzeug, Kunden

PRODUKTE
Leistungen, wie Haare schneiden

VERKAUF
direkt an den Kunden

1 Die moderne Arbeitswelt stellt vielseitige Anforderungen an die Arbeitnehmer.

Aus diesen Gemeinsamkeiten können allgemein notwendige Bereiche eines Betriebes abgeleitet werden, die jeweils unterschiedliche Funktionen im betrieblichen Prozess widerspiegeln. Man bezeichnet diese als **Funktionsbereiche** eines Betriebes. Sie umfassen, wie in der Abbildung 1 auf S. 18 dargestellt, die **„Beschaffung"**, die **„Produktion"** und den **„Absatz"**.

Aufgrund der verschiedenen Funktionsbereiche und deren unterschiedlichen Aufgaben im Betrieb gibt es auch unterschiedliche **Tätigkeiten,** welche die Mitarbeiter ausführen.

Dazu gehören:
vergleichen, bestellen, Rechnungen schreiben, telefonieren, sägen, bohren, aussäen, stapeln, auspreisen, beraten, verpacken, registrieren, verschrauben, montieren, reparieren, empfangen, abwiegen, Formulare ausfüllen, reinigen, Post lesen, einteilen, organisieren, Besprechungen durchführen, anstreichen, tapezieren, schneiden, transportieren, pflegen, waschen, erziehen, lehren, mauern, pflanzen, fangen, messen, zählen, vergleichen, Versammlungen leiten, entscheiden und noch ganz viel mehr.

Ergebnisse präsentieren

Während eurer ersten Betriebserkundung sollt ihr herausfinden, wie die **Funktionsbereiche** in dem besuchten Betrieb aufgebaut sind und welche **Tätigkeiten** die Mitarbeiter ausführen. Zum Abschluss werden die Ergebnisse übersichtlich präsentiert.
Dazu könnt ihr einen Computer mit einem speziellen **Präsentationsprogramm,** wie Microsoft PowerPoint, verwenden. Dabei werden einzelne Folien angefertigt, die wichtige Fakten darstellen.

Zunächst muss man eine Gliederung entwerfen. Das ist in unserem Fall einfach; wir können die Begriffe der drei Funktionsbereiche verwenden. Ein Vorschlag:

Vorschlag für eine Präsentationsgliederung	
Folie	Überschrift
1	Einstiegsseite mit Themenangabe
2	Die Beschaffung
3	Die Produktion
4	Der Absatz
5	Quellenverzeichnis

Das Quellenverzeichnis ist nur notwendig, wenn ihr keine eigenen Fotos und Texte verwendet, sondern welche aus dem Internet oder anderen Quellen. Damit euch das Anfertigen der Präsentation schnell gelingt, könnt ihr die Checkliste nutzen. Viel Spaß!

Checkliste PowerPoint-Präsentation

1. Hintergrundfarbe festlegen
2. Schriftfarbe, -art und -größe festlegen
3. Einstiegsseite mit Themenangabe anlegen
4. Einzelseiten anlegen
   (a-Fotoauswahl, b-Texteingabe)
5. Animieren ausgewählter Objekte von einzelnen oder allen Folien
6. Probelauf und Feinkorrekturen

Betriebserkundung

Wir haben in den ersten beiden Abschnitten viel über Betriebsformen und Wirtschaftssektoren erfahren. Nun wird es Zeit, dass wir uns in einem Betrieb näher umsehen. Dies kann durch eine Betriebsbesichtigung, eine Betriebserkundung, eine Arbeitsplatzanalyse oder durch ein Expertengespräch erfolgen.

M Bei der Betriebserkundung wird ein Betrieb nach einer vorher festgelegten Zielsetzung punktuell näher untersucht.

Arbeitsmethode „Betriebserkundung"

Zielsetzung → Vorbereitung → Aufgabenstellung → Durchführung → Auswertung → Präsentation

Zielsetzung
– Bestimmen des Schwerpunktes der Erkundung (Erkundungsziel)
– Formulieren der Erkundungsziele

Vorbereitung
Viele Fragen sind zu klären, die wichtigsten:
– Wann soll die Erkundung stattfinden?
– Welchem Wirtschaftssektor soll der Betrieb angehören?
– Welche Betriebsgröße soll das Unternehmen besitzen?
– Wie lauten Name, Anschrift und Telefonnummer des Betriebes?
– Wie gelangen wir zu dem Betrieb?
– Wer ist der Ansprechpartner im Betrieb?

Verantwortlichkeiten sind festzulegen, z. B.:
– Wer in der Klasse trägt Verantwortung für die Kontaktaufnahme und die Entwicklung von Frage- und Aufgabenstellungen?
– Wer sind die Fragesteller der Klasse, die Schriftführer und Fotografen?
– Wer kontrolliert Vorbereitung, Durchführung und sagt danke?

Aufgabenstellung
Ableiten einzelner Fragestellungen aus der Zielsetzung, z. B.:
a) Informationen zum Betrieb, zu dessen Geschichte, den Geschäftsbeziehungen, die Bereiche und interessante Zahlenangaben
b) Informationen zu den Berufen, der Berufsstruktur, den Ausbildungschancen, den Verdienst- und Karrieremöglichkeiten, typische Tätigkeiten und Arbeitsplatzmerkmale
c) Fragen an die Mitarbeiter
Jeder bereitet sein Aufzeichnungsblatt vor.

Durchführung
Verhaltensregeln aufstellen:
a) für die An- und Abreise, u. a.:
  – Straßenüberquerungen absichern
  – Ruhe und Höflichkeit in Verkehrsmitteln
b) für den Betriebsaufenthalt, z. B.:
  – Gefahrenhinweise im Betrieb beachten
Notizen bei der Durchführung anfertigen!

Auswertung
Am besten gleich nach Beendigung der Erkundung erledigen:
– Was war gut und was weniger?
– Was war für mich besonders interessant?
– Fotos bereitstellen

Präsentation
– Bestimmen der Präsentationsart: Dokumentation, Schaubild, Plakat, Vortrag, Demonstration, Modellanfertigung, computergestützte Präsentation
– Klärung der Form und des Ablaufes der Präsentation:
  a) Hoch- oder Querformat
  b) Blattaufteilung
  c) Thema bzw. Aufgabenstellung angeben
  d) Gliederung entwickeln
  e) Ergebnisse formulieren
  f) Fotos oder Gegenstände einbeziehen

AUFGABEN

Dein berufliches Selbstkonzept

1. Das Einkommen setzt sich aus allen finanziellen und materiellen Einnahmen eines Haushaltes zusammen. Nenne vier Einkommensquellen! Frage, wenn nötig, deine Eltern!

2. a) Notiere, was du gerne magst und welche Interessen du hast!

   b) Bereite einen kleinen Vortrag zu deinem Hobby vor! Du kannst auch Gegenstände einbeziehen.

3. a) Erkunde die erlernten bzw. ausgeübten Berufe deiner berufstätigen Verwandten!
   b) Wähle einen Beruf aus und notiere dazu die vier grundlegenden Informationen entsprechend der Tabelle auf S. 23!

Kapitel 1.1

4. Notiere, welche Arbeiten Kinder, Frauen und Männer zu Zeiten der Jäger und Sammler ausgeführt haben!
   Nutze deine Aufzeichnungen aus dem Geschichtsunterricht der 5. und 6. Klasse oder frage deinen Geschichtslehrer!

5. Notiere in einer selbst erstellten Tabelle mindestens sechs Städtenamen und die Flüsse, an denen diese Städte liegen! Benutze dazu eine Atlaskarte von Mecklenburg-Vorpommern!
   Suche Städte in deiner näheren Umgebung!

6. a) Wähle von den zehn angegebenen mittelalterlichen Handwerksberufen fünf aus!
   b) Gib die ausgeführten Haupttätigkeiten des jeweiligen Berufes an!
   Böttcher, Drescher, Häcker, Hirte, Krüger, Radmacher, Schneider, Schuster, Weber und Zimmermann

7. a) Recherchiere im Internet nach Standorten von Wind- oder Wassermühlen in Mecklenburg-Vorpommern!
   b) Stelle die gefundenen Fotos unter Angabe der Internetadresse und des Standortes der gefundenen Mühle auf Blättern zusammen!

8. Gib zu den folgenden Handwerksberufen mindestens zwei typische Arbeitsgänge an, die mit der Hand ausgeführt werden!
   Fotograf/in, Weber/in, Herrenschneider/in, Modellbauer/in, Metallbauer/in, Bäcker/in

9. Notiere die vier Hauptmerkmale eines Handwerksbetriebes!

10. Gib wesentliche Unterschiede eines Verlagsbetriebes im Vergleich zu einem Handwerksbetrieb an!

11. Welche großen Vorteile hatte die Betriebsform Manufaktur gegenüber dem Handwerksbetrieb?

12. Notiere die dir bekannten Merkmale der Betriebsform Fabrik!

13. Frage bei Bekannten und Verwandten nach weiteren Fabriken, die es früher in deinem Landkreis gegeben hat, und notiere alles!

14. Stelle in einer Abbildung die sechs Gründe zur Entstehung von Industriebetrieben dar!

15. Lege aufgrund des Textes ab S. 12 eine Chronik bedeutender Industriebetriebe Mecklenburg-Vorpommerns an!

    Notiere das Ereignisjahr und das dazugehörige Ereignis (Tabellenform, in zeitlicher Reihenfolge)! Vergleiche dazu auch die Tabelle „Fabrikgründungen auf dem heutigen Gebiet von Mecklenburg-Vorpommern (Auswahl)" auf S. 12!

16. a) Erforsche, was die folgenden Abkürzungen aus der Zeit 1946 bis 1990 bedeuten: VEB, PGH, HO, LPG, VEG, BHG!
    b) Notiere deine Ergebnisse!
    c) Nenne den Standort ehemaliger Betriebe mit damaliger Bezeichnung!

Kapitel 1.2

17. a) Wähle aus den fünf angegebenen Berufen der Tabelle „Bereiche der Urproduktion" auf S. 14 einen aus!
    b) Notiere zu dem Beruf grundlegende Informationen, siehe auch S. 23!

18. Erläutere, was unter „ökologisch arbeitende Landwirtschaftsbetriebe" zu verstehen ist!

19. Beschreibe Energiefluss und Energieumwandlungen der Windkraftanlage! Verwende: Bewegungs-, Wind- und Elektroenergie.

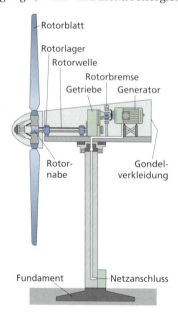

20. Ordne den angegebenen Bereichen der be- und verarbeitenden Industrie jeweils mindestens einen Beruf zu!
    Holzbearbeitung, Schiffbauindustrie, Druckindustrie, Lebensmittelindustrie, Brauereiwesen

21. Viele neue Betriebe widmen sich seit 1990 in Mecklenburg-Vorpommern den neuen Technologien, so der Biotechnologie, Lasertechnik und Robotertechnik, den Windkraftanlagen und der Umwelttechnik.
    a) Recherchiere dazu im Internet (Stichwort u. a. „Technologiezentrum")!
    b) Notiere gefundene Firmen, deren Standorte und Produktbeispiele!

22. Welche Bereiche der Dienstleistung haben in Mecklenburg-Vorpommern eine große Bedeutung? Begründe deine Entscheidungen!

23. Stelle für Touristen, die deinen Wohnort und Landkreis besuchen wollen, eine interessante Übersicht mit folgenden Schwerpunkten zusammen:
    a) Nenne Unterkünfte, Sehenswürdigkeiten und Freizeitangebote!
    b) Was empfiehlst du besonders?
    c) Was sollte noch verbessert werden?

24. Stelle analog der Darstellung „Von der Saatkartoffel zum Festmenü" (s. S. 17) jeweils eine Abfolge zu „Vom Silomais zur Butter" und eine Abfolge „Vom Baumsämling zum Tisch" in einer Abbildung dar!

Kapitel 1.3

25. Fertige eine Abbildung nach den Mustern auf S. 18 mit den Angaben, die zu dem von dir erkundeten Betrieb passen!

26. Ordne die Tätigkeiten der Mitarbeiter auf S. 19 jeweils den drei betrieblichen Funktionsbereichen zu!

27. Entwerfe je eine Präsentationsgliederung für den Funktionsbereich
    a) Beschaffung,
    b) Produktion,
    c) Absatz des erkundeten Betriebes!

Das Wichtigste im Überblick

Berufliches Selbstkonzept

Grundlegende Informationen		Beispiele
Was?	Arbeitstätigkeiten	Maschinen steuern und bedienen, schreiben, verwalten, reinigen, bauen, erziehen, pflegen, pflanzen, beraten
Wo?	Arbeitsort	Büro, Labor, Verkaufsraum, Außenanlage, natürliche Umgebung, beim Kunden, Werkhalle, Klassenraum
Womit?	Arbeitsmittel	Transportmittel, Maschinen, Werkzeuge, Anlagen, Geräte, Gesetze, Pläne, Medien
	Werkstoffe	Metall, Holz, Papier, Textilien, Leder, Glas, Keramik, Edelsteine, Baustoffe, Chemikalien, Lebensmittel
	Lebewesen	Tiere, Pflanzen, Menschen
Welche?	Voraussetzungen	Sprachbeherrschung, logisches Denken, Teamfähigkeit, Gewissenhaftigkeit, Ideenreichtum

Betriebsformen

Betriebsform	Fertigung	Betriebsgröße	Beschäftigte
Handwerksbetrieb	handwerkliche Einzelfertigung	klein	müssen alles können
Verlagsbetrieb	handwerkliche Einzelfertigung	ein Verleger (zuständig für Ein- und Verkauf)	viele vertragsgebundene Heimarbeiter
Manufaktur	handwerkliche Massenfertigung	mittelgroß	führen nur bestimmte Tätigkeiten aus
Fabrik	maschinelle Massenfertigung	mittelgroß bis groß	führen nur bestimmte, einfache Tätigkeiten aus
Industriebetrieb	automatisierte Massenfertigung	groß	meist hoch spezialisiert

Betriebliche Funktionsbereiche

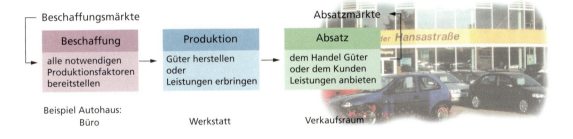

Beschaffungsmärkte   Absatzmärkte

Beschaffung	Produktion	Absatz
alle notwendigen Produktionsfaktoren bereitstellen	Güter herstellen oder Leistungen erbringen	dem Handel Güter oder dem Kunden Leistungen anbieten

Beispiel Autohaus:
Büro   Werkstatt   Verkaufsraum

Wirtschaftssektoren

Urproduktion
Rohstoffe werden durch Nutzung der Erdoberfläche oder durch Abbau von Bodensubstanz gewonnen.

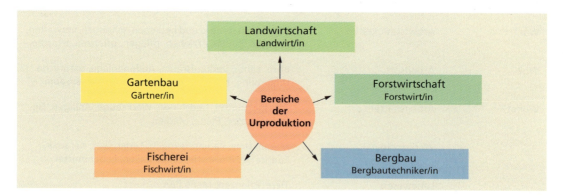

Produktion
Rohstoffe werden zu Produkten be- und verarbeitet.

Dienstleistung
Nichtmaterielle Leistungen werden erbracht.

Assistent/in, Maschinenbautechnik

Voraussetzungen sind:

– räumliches Vorstellungsvermögen,
– logisches und mathematisches Denken,
– Ideenreichtum,
– Gewissenhaftigkeit,
– gute Leistungen in Mathematik,
  Physik, AWT und Informatik.

Was?

Assistenten/innen unterstützen Ingenieure und Techniker bei ihren Tätigkeiten. Dazu erarbeiten sie u. a. Detailkonstruktionen von Maschinensystemen und erstellen technische Unterlagen. Weitere Aufgaben sind die Programmierung und Bedienung von computergesteuerten Werkzeugmaschinen und die Betreuung von Kunden im Servicebereich.

Womit?

Assistenten/innen arbeiten viel mit Computern, modernsten Prüf- und Messgeräten, Zeichengeräten und typischen Werkzeugen des Maschinenbaus.

Wo?

Sie arbeiten in Entwicklungs-, Konstruktions- und Fertigungsabteilungen des Maschinenbaus sowie in Ingenieurbüros und Forschungsinstituten. Dort sind sie überwiegend in Werkstätten, Fertigungshallen und Labors tätig.

Ingenieur/in, Maschinenbau

Voraussetzungen sind:

– räumliches Vorstellungsvermögen,
– mathematisches und logisches Denken,
– Ideenreichtum und Gewissenhaftigkeit.
  Man muss diesen Beruf studieren!

Was?

Ingenieure/innen entwickeln, bauen und betreiben neue Maschinen und Anlagen. Dazu müssen Berechnungen und Messungen durchgeführt sowie Zeichnungen angefertigt werden.

Womit?

Ingenieure/innen arbeiten je nach Fachrichtung mit modernsten Geräten und Werkzeugen. Fachbücher, Datenbänke und technologische Unterlagen werden oft benötigt. Eine Zusammenarbeit mit anderen Fachleuten ist üblich.

Wo?

Ingenieure/innen sind vorrangig in den Bereichen Entwicklung, Projektierung, Konstruktion und Erprobung eingesetzt. Weitere Tätigkeitsbereiche sind Ingenieurbüros, Wirtschaftsverbände und Bildungseinrichtungen.

2.1 Entwickeln und Werten von Produktideen

Die Betriebserkundung war eine tolle Sache. Wir haben feststellen können, dass ein Betrieb verschiedene Funktionsbereiche besitzt und die Mitarbeiter unterschiedliche Tätigkeiten ausführen.

Warum aber **gründen** Menschen **Betriebe?**
Ein wichtiger Grund ist sicherlich der höhere Verdienst. Geschäftsinhaber verdienen durchschnittlich mehr Geld als Angestellte oder Arbeiter. Dafür müssen sie aber auch mehr leisten, denn ein Geschäftsinhaber oder Geschäftsführer muss den Überblick über alle Bereiche des Betriebes besitzen und ständig für Arbeit sorgen.

Ein weiterer Grund besteht darin, dass es genügend Menschen gibt, die eine bestimmte Tätigkeit besonders gut können. Da heute nicht mehr jeder alles für sich selbst herstellen kann, ist man auf das Können und Wissen von Spezialisten angewiesen. Betriebe bieten ihre Dienste an und erhalten als Gegenleistung Geld.

Es gibt aber auch Menschen, die nicht länger arbeitslos sein wollen. Sie finden einfach keinen Arbeitsplatz in ihrem erlernten Beruf. Deshalb überlegen sie sich eine gute **Geschäftsidee** und gründen einen eigenen Betrieb.

Warum sollten wir nicht auch einmal etwas in der Schule herstellen und verkaufen?

M Menschen, die einen Betrieb gründen, nutzen die eigenen Fähigkeiten, um bestimmte Wünsche anderer Menschen zu erfüllen. Dafür erhalten sie Geld und die Möglichkeit, weiter zu arbeiten.

Mit dem verdienten Geld könnte man z. B. am Ende des Schuljahres einen schönen Ausflug finanzieren.

Es steht fest:
Wir wollen etwas herstellen und verkaufen.
Nur, wie fangen wir das am besten an?

Produktideen entwickeln

Wir müssen uns überlegen, welches Produkt von uns hergestellt und verkauft werden soll. Das bedeutet, wir brauchen Ideen für ein Produkt. Wie kann man aber solche Ideen bekommen? Wenn man Pech hat, fällt einem ja gar nichts ein. Alle Mitschüler der Klasse müssen darüber nachdenken. Dadurch kommen mehr Ideen zusammen. Dabei darf aber niemand dazwischenreden.

Wie sollte der Prozess zum Entwickeln von Ideen ablaufen?

Es gibt verschiedene Methoden, Ideen zu sammeln und auszuwerten. Für das Entwickeln von Produktideen bietet sich für uns die **Brainstorming-Methode** an, denn sie ist ziemlich einfach durchzuführen.

1 Handwerker beim Arbeiten

2 Klassenfahrt, finanziert durch einen Schülerbetrieb

Arbeitsmethode „Ideen entwickeln durch die Brainstorming-Methode"

Problem erfassen und benennen

Spontane Lösungsvorschläge notieren

Erläutern von Lösungsvorschlägen

Ordnen der Begriffe

Auswertung

Die Brainstorming-Methode wird auch als Gedankensturm- oder Geistesblitz-Methode bezeichnet. Jeder kann mitmachen.

Zunächst muss ein Sprecher oder eine Sprecherin bestimmt werden. Dies kann ein Mitschüler oder der Lehrer sein.

Der Sprecher benennt für alle das Problem, zu dem Lösungen gefunden werden sollen. Dazu schreibt der Sprecher das Problem an die Tafel, damit es für alle Teilnehmer sichtbar ist.

Für unser Beispiel:
Was könnten wir herstellen und verkaufen?

Anschließend wird jeder aufgefordert, die ihm spontan einfallenden Lösungsideen für alle sichtbar aufzuschreiben. Dazu geht jeder Schüler nach vorn und schreibt seine Ideen an die Tafel.

Besser ist es aber, wenn diese Aufgabe der Sprecher übernimmt. Dann kann jeder Teilnehmer über den gerade notierten Vorschlag nachdenken und sich von ihm anregen lassen.

Grundsätzlich werden alle Ideen, auch wenn sie unsinnig erscheinen, an die Tafel geschrieben. Eine Diskussion darüber erfolgt später.

Zu einem bestimmten Zeitpunkt hat niemand mehr eine weitere Idee. Der Sprecher wird jetzt diese Phase beenden und alle Teilnehmer dazu motivieren, sich die gefundenen Lösungen anzuschauen.

Nach einer kurzen Weile können alle Teilnehmer Fragen zu den Ideen stellen, die für sie nicht eindeutig sind.

Für unser Beispiel:
Was sind Visitenkarten?

Sind für jeden Teilnehmer die notierten Begriffe verständlich, so muss man diese ordnen. Dies ist für den weiteren Findungsprozess notwendig. Dazu sollten Sammelbegriffe, die ein Ordnen nach bestimmten Merkmalen ermöglichen, gefunden werden.

1 Ein Schüler erläutert eine Idee.

1 Ein Kuchenbasar, eine mögliche Produktidee

Eine Möglichkeit wäre die Zuordnung zu Wirtschaftssektoren, die wir im Kapitel 1 kennengelernt haben.

Für unser Beispiel:
Wir ordnen einer Gruppe die Produktideen zu, deren Produkte wir selbst herstellen und anschließend verkaufen.

In einer zweiten Gruppe werden die Produktideen zusammengefasst, bei denen wir nur ein- und anschließend wieder verkaufen.

Wir ordnen also alle Produktideen nach dem Charakter unseres geplanten Betriebes: **Produktionsbetrieb** oder **Handelsbetrieb**.

Vergleich Produktionsbetrieb – Handelsbetrieb (ausgewählte Merkmale)	
Produktionsbetrieb	**Handelsbetrieb**
Produkte werden aus Werkstoffen hergestellt.	Produkte werden eingekauft.
Verwendung von Werkzeugen, Geräten und Maschinen	Produkte werden gelistet und gelagert.
Produktion erfolgt in Werkhallen oder Werkstätten.	Verkauf erfolgt auf einem Handelsplatz.

Nach dem Abschluss des Zuordnungsprozesses werden die Vor- und Nachteile beider Betriebsformen diskutiert. Ein Vorteil des Produktionsbetriebes ist, dass man selbst bestimmen kann, wie das Produkt aussehen soll. Beim Handelsbetrieb besteht ein Vorteil darin, dass man weniger Zeit braucht, um einen Gewinn zu erwirtschaften. Dafür muss für den Einkauf der Produkte aber mehr Geld zur Verfügung stehen.

Für unser Beispiel:
Wir wollen selbst etwas herstellen und anschließend verkaufen. Wir gründen einen Produktionsbetrieb. Alle Mitschüler werden damit zu Mitarbeitern.

Produktideen bewerten

Durch die Anwendung der Brainstorming-Methode haben wir zahlreiche Produktideen gefunden. Da wir nicht alles herstellen können, resultiert hieraus eine neue Frage:

Welches Produkt aus der Vielzahl der Ideen ließe sich am besten verkaufen?

Die Beantwortung dieser Frage ist sehr wichtig, denn es nützt nichts, wenn wir etwas herstellen, was am Ende niemand kaufen möchte.

Ein Mensch kauft nur dann etwas, wenn er es benötigt oder ein Verlangen danach verspürt. Das kann z. B. der Besitz eines Computerspieles sein. Dieses Verlangen ist dabei umso ausgeprägter, je höher der Nutzen ist, den man sich davon verspricht. So kauft man sich eher etwas zu essen, wenn man Hunger hat. Wir können also feststellen, dass das Verhalten des Käufers sehr wichtig für den Erfolg unserer **Geschäftsidee** ist. Deshalb müssen wir ermitteln, was unsere späteren Käufer haben wollen. Dies kann durch eine **Befragung** erfolgen.

M Die Berücksichtigung der Wünsche der Käufer ist während der Produktfindung sehr wichtig.

Dabei ist es ist nicht besonders klug, nur den Käufer zu befragen. Bei einem **Verkauf** treffen immer **Käufer** und **Verkäufer** aufeinander. Deshalb sollten wir neben der Käuferbefragung gleichfalls eine Herstellerbefragung durchführen. Dabei kann jeder einzelne Mitarbeiter eine Einschätzung darüber abgeben, welche Produktidee er überhaupt für realisierbar hält und was wir als Verkäufer verkaufen könnten. In unserem speziellen Fall könnte sogar das Verhalten der künftigen Käufer eingeschätzt werden, da jeder von uns selbst Schüler ist.

Produzent	Käufer
Muss wissen:	Muss wissen:
• Was kann ich herstellen? • Was würden meine Kunden kaufen?	• Was kann ich gebrauchen? • Wie viel Geld gebe ich dafür aus?

1 Fragestellungen beim Produzenten und Käufer

Aus dieser Erkenntnis heraus sollten wir aus der Sicht des Produzenten eine **Selbstbefragung** und aus der Sicht des Käufers eine **Fremdbefragung** durchführen. Für beide Fälle sind verschiedene Fragestellungen auszuarbeiten.

2 Schüler beantworten Fragebögen.

**Arbeitsmethode
„Personen befragen – Selbstbefragung"**

Vorbereitung:
• Zielgruppe festlegen
• Ort und Zeit bestimmen
• Fragestellungen erarbeiten
• Fragebögen anfertigen

Durchführung:
• Zielgruppe festlegen

Auswertung:
• Ergebnisse zusammenfassen
• Schlussfolgerungen formulieren

Nachfolgend soll diese Arbeitsmethode an unserem Beispiel der durchzuführenden Selbstbefragung erläutert werden.

Zur Vorbereitung:

Die *Zielgruppe* ist der Personenkreis, der in die Befragung einbezogen werden soll. Bei der Selbstbefragung sind das alle Mitarbeiter.

Der *Ort* der Befragung ist der Fachraum in der Schule. Als *Zeitpunkt* der Befragung wird der Beginn einer nachfolgenden Unterrichtsstunde festgelegt.

Nachdem Zielgruppe, Ort und Zeitpunkt der Befragung bestimmt worden sind, müssen die *Fragestellungen* erarbeitet werden. Sie beziehen sich auf alle infrage kommenden Produktideen.

Sie orientieren sich auf die Herstellbarkeit, einen schülerfreundlichen Preis, die Beliebtheit des Produktes und auf dessen einfache Konstruktion.

Die Fragen könnten wie folgt lauten:

– Ist das Produkt in guter Qualität herstellbar?
– Kann das Produkt zu einem schülerfreundlichen Preis angeboten werden?

Mustertabelle „Selbstbefragung"		
Frage	**Produkt-idee A**	**Produkt-idee B**
Ist das Produkt in guter Qualität herstellbar?	x	
Fragestellung 2	x	x
Fragestellung 3	x	
Fragestellung 4		x
Fragestellung 5	x	x
Fragestellung 6	x	
Fragestellung 7	x	
Summe	**6**	**3**

Das *Anfertigen* der Fragebögen kann mit dem Computer erfolgen. Am günstigsten ist es, den Fragebogen in Tabellenform anzulegen.

Die zutreffenden Merkmale erhalten ein Kreuz, so dass die Auswertung einfach ist.

1 Eine Befragung wird ausgewertet.

Zur Durchführung:

Alle Mitarbeiter füllen ihren Fragebogen selbst aus. Die Selbstbefragung erfolgt schriftlich, Absprachen sind nicht zulässig. Eine namentliche Erfassung, wer welchen Fragebogen ausgefüllt hat, ist nicht erforderlich.

Zur Auswertung:

Die Ergebnisse der Selbstbefragung müssen in einer Übersicht zusammengefasst werden. Dies kann wiederum in einer Tabelle erfolgen. Dabei werden die Einzelergebnisse einfach addiert.

Mustertabelle Auswertung		
Mitarbeiter/in	**Produkt-idee A**	**Produkt-idee B**
Mitarbeiter/in a	5	3
Mitarbeiter/in b	3	2
Mitarbeiter/in c	5	3
Mitarbeiter/in d	4	4
Mitarbeiter/in e	2	3
Summe	**19**	**15**

Abschließend werden allen Mitarbeitern die drei meistgenannten Produktideen mitgeteilt.

Für unser Beispiel:
Die führenden Produktideen nach der Selbstbefragung waren eine Schülerzeitung, Kuchen und Spielzeug.

> **M** Die Arbeitsmethode der Personenbefragung erfolgt in den für viele Arbeitsmethoden typischen drei Phasen „Vorbereitung", „Durchführung" und „Auswertung".

Wir konnten aufgrund der Selbstbefragung die Anzahl der infrage kommenden Produktideen verringern. Nunmehr muss das Ergebnis durch eine Fremdbefragung bestätigt oder korrigiert werden.

Arbeitsmethode
„Personen befragen – Fremdbefragung"

Wir werden Schüler unserer Schule befragen. Die Fremdbefragung kann auch außerschulische Personengruppen einbeziehen. Dies hängt natürlich vom geplanten Verkaufsort und dem zu erwartenden Kundenkreis ab.

Es sollten etwa fünf Fragen sein. Dadurch werden die Befragten nicht lange aufgehalten, und der Befrager kann möglichst viele Personen ansprechen. Für ein schnelles Erfassen der Antworten sollte die jeweilige Antwort in der entsprechenden Spalte „Anzahl der Antworten" durch einen senkrechten Strich dokumentiert werden.

Die Fragen im Musterbogen sind nur beispielhaft. Du kannst sie also nicht einfach übernehmen. Damit du dir selbst einen Fragebogen zusammenstellen kannst, findest du weitere Anregungen im Zusatzwissen auf S. 34.
Nach dem Auszählen der Striche liegen die Ergebnisse schnell vor. Anschließend werden diese mit den Ergebnissen der Selbstbefragung verglichen.

Solltet ihr eng aneinander liegende Ergebnisse erhalten (z. B. Produkt A = 33 Punkte, Produkt B = 31 Punkte und Produkt C = 32 Punkte), so könnte eine Abstimmung unter den Mitarbeitern für die Entscheidung sorgen.

Für unser Beispiel:
Das Endergebnis zeigte:
Die beste Produktidee ist Spielzeug.

1 Durch Fremdbefragung, auch jüngerer Schüler, erfährt man deren Wünsche.

Musterfragebogen „Fremdbefragung"

1. Mit welchem Spielzeug spielst du am liebsten?	Anzahl der Antworten
a) Bausteine	I
b) Holzspiele	II
c) Computerspiele	IIIII
d) Kartenspiele	III
e) Logikspiele	IIIII II

2. Wo sollten Schüler in der Schule etwas verkaufen?

a) auf dem Pausenhof	
b) am Haupteingang	
c) am Eingang des Hausaufgabenzimmers	
d) Cafeteria oder Kantine	

3. Wann sollten Schüler etwas verkaufen?

a) täglich	
b) wöchentlich	
c) zu bestimmten Anlässen (z. B. zur Weihnachtsfeier)	

4. Was würdest du gern in der Schule kaufen?

a) Schülerzeitung	
b) Visitenkarten	
c) Kuchen	
d) Spielzeug	

5. Wie viel Taschengeld bekommst du wöchentlich?

a) weniger als 5 Euro	
b) 5 bis 10 Euro	
c) mehr als 10 Euro	

So machen es die Betriebe

Die **Gründung eines Betriebes** erfordert viele vorbereitende Tätigkeiten. Selbstverständlich muss man zuerst genauere Vorstellungen darüber besitzen, welche Produkte oder Dienstleistungen man anbieten will. Und man muss eine Holztreppe bauen oder Haare schneiden können, wenn man eine Tischlerei oder einen Friseursalon eröffnen möchte.

Anschließend sollte man an einer **Fortbildung** teilnehmen, um Spezialkenntnisse, u.a. in Steuerrecht und Buchführung, zu erwerben und dabei auch die Geschäftsidee zu konkretisieren.

Auch benötigt man einen Standort für den Betrieb, z. B. in einem Gewerbegebiet oder in einer Ladenpassage. Für die Räume müssen Maschinen und Möbel, für die Produkte Werk- und Hilfsstoffe bestellt und gekauft werden.

Neben diesen wichtigen Vorbereitungsarbeiten muss sich der künftige Inhaber auch für die **Rechtsform** seines Betriebes entscheiden. Man unterscheidet dabei zwischen **Einzelunternehmen** und **Gesellschaften.** Bei einem Einzelunternehmen gibt es nur einen Eigentümer. Bei Gesellschaften gibt es mindestens zwei Eigentümer. Sie werden **Teilhaber** genannt, weil sie nur über einen Teil des Betriebes verfügen.

1 Auf dem Firmenschild steht auch die Rechtsform des Autohauses.

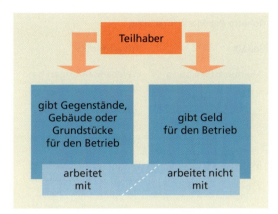

2 Möglichkeiten, Teilhaber zu sein

> **M** Die Rechtsform eines Betriebes verdeutlicht die Anzahl und Beteiligungsart seiner Eigentümer.

Mehr als die Hälfte aller Betriebe in Deutschland sind Einzelunternehmen. Die gewählte Rechtsform eines Betriebes erscheint im Namen, dem Logo und auf den Rechnungen.

Ein Betrieb muss für den Markt produzieren. Zuerst muss herausgefunden werden, welche Produkte wann und in welcher Menge mit größter Wahrscheinlichkeit verkauft werden könnten. Betriebliche Maßnahmen, die dies herausfinden, nennt man **Marktforschung.**

> **M** Die Marktforschung ermittelt, welche Produkte oder Dienstleistungen benötigt werden.

Wichtige Voraussetzungen für den Erfolg eines Betriebes sind die Geschäftsidee und die durchgeführten Maßnahmen zur Marktforschung. Beide zusammen ergeben die **Unternehmensstrategie.** Sie legt für einen bestimmten Zeitraum fest, wie sich der Betrieb entwickeln soll.

> **M** Die Marktforschung eine Betriebes wird in Primärforschung und Sekundärforschung unterteilt.

Inhalte der Marktforschung	
Inhalt	Schwerpunkt
Meinungsforschung	Welche Meinungen hat der Käufer?
Tatsachenforschung	Wie verhält sich der Käufer beim Einkauf tatsächlich?
Motivforschung	Warum verhält sich der Käufer beim Einkauf so?

Die **Primärforschung** umfasst die unmittelbare Erforschung des Käufers und seines Kaufverhaltens. Die entsprechenden Schwerpunkte sind in der Tabelle dargestellt. Um an die notwendigen Informationen zu gelangen, werden verschiedene Methoden angewandt. Hierzu zählen vor allem die Befragung, Beobachtung und Panel-Erhebung.

Die **Befragung** kann in **mündlicher** und **schriftlicher** Form erfolgen. Oftmals werden standardisierte **Fragebögen** verwendet. Alle Kunden beantworten die gleichen Fragen, was eine einfache Auswertung ermöglicht.

Bei einer **Beobachtung** steht das Verhalten des Käufers im Mittelpunkt. Hierbei wird vor allem der Einfluss von aktuellen Werbemaßnahmen untersucht und analysiert.

In einer **Panel-Erhebung** werden ausgewählte Haushalte und Personen in bestimmten Zeitabständen befragt. Diese Befragungen haben das Ziel, verschiedene Verhaltensmuster zu erfassen.

Die **Sekundärforschung** wertet vorhandene Informationsquellen aus. Das können Veröffentlichungen der Industrie- und Handelskammer, von Meinungsforschungsinstituten oder der Konkurrenz sein, u. a. jährliche Geschäftsberichte und Statistiken. Sie enthalten z. B. Angaben über die den Jugendlichen zur Verfügung stehende Taschengeldhöhe oder zum Ausstattungsgrad von Haushalten mit Computern.

Formulierungsvarianten bei standardisierten Fragebögen

Bei Befragungen werden verschiedene Formulierungsvarianten genutzt, die eine schnelle Auswertung der Ergebnisse ermöglichen. Nachfolgend werden vier weit verbreitete Varianten vorgestellt.

Variante A – „Ja-Nein-Frage"
Sind Ihnen die Grabower Küsschen bekannt?

Variante B – „Alternativ-Frage"
Welches Produkt der Stralsunder Brauerei würden Sie weiterempfehlen:
– Stralsunder Bierkrüge,
– Stralsunder Schwarzbier,
– Stralsunder Parkquelle?

Variante C – „Rang-Frage"
In welcher Rangfolge würden Sie die nachfolgend aufgeführten Produkte kaufen:
– „Rügener Badejunge" aus Bergen,
– „Pommersche Landleberwurst" aus Greifswald,
– „Scomber Mix" aus Sassnitz?

Variante D – „Rating-Skala"
Wie oft schauen Sie Filme welcher Filmsparte im Kino an?

Beispiel einer Rating-Skala			
Filmsparte	sehe ich oft	sehe ich manchmal	sehe ich nie
Action-Filme			
Märchen-Filme			

2.2 Entscheiden für eine Produktidee

1 Eine Auswahl Holzspielzeug

Zurück zu unseren beiden Befragungen. Die Auswertung der Selbst- und der Fremdbefragung ergab, dass wir Spielzeug herstellen sollten.

Dieses Ergebnis ist aber noch ziemlich unkonkret, denn es gibt eine Menge ganz unterschiedli-

cher Spielzeuge. Daher müssen wir als nächstes ermitteln, welche Gruppen von Spielzeugen es gibt, die wir auch herstellen können. Als Arbeitsmethode könnte man wieder die Brainstorming-Methode anwenden.

Für unser Beispiel:
Unsere Mitarbeiter haben sechs verschiedene Gruppen von Spielzeugen durch die Brainstorming-Methode gefunden.

Wir müssen uns nun für eine Spielzeugart entscheiden. Dazu müssen Kriterien gefunden werden, die den Entscheidungsprozess erleichtern. Im Mittelpunkt könnte die Frage nach den Vorteilen stehen, die das untersuchte Spielzeug dem Nutzer bietet.

Das gewählte Spielzeug sollte unseren künftigen Käufer auf besondere Weise herausfordern und neugierig machen. Aber welche Gruppe von Spielzeugen erfüllt diese Anforderung? Wir entscheiden uns für **Logikspiele.** Diese begeistern Jung und Alt, weil sie Spannung, Spaß, Kreativität und Tüftelei mit sich bringen. Die Entscheidung für die Logikspiele fiel auch deshalb, weil nun gleichfalls interessierte Erwachsene zum möglichen Käuferkreis gehören könnten.

Der Entscheidungsprozess ist damit aber noch nicht abgeschlossen, denn es gibt eine Reihe von Logikspielen, wie die Tabelle auf S. 36 zeigt.

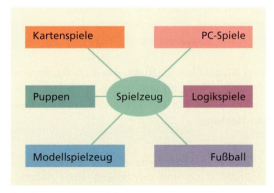

2 Spielzeug (Auswahl)

3 Ein bekanntes Logikspiel

Ausgewählte Logikspiele	
Domino	Wellendomino
	Magisches Rechteck
	Das Wagenrad
Zusammensetzspiele	Teufelsknoten
	Magische Scheibe
Puzzles	Schiebepuzzle
	Tangram
Labyrinth	Kretisches Labyrinth
	Rätsellabyrinth
Polyformen	SOMA-Würfel
	Pentominos

Wie bereits bei den Spielzeugarten, müssen wir uns jetzt unter Beachtung weiterer Auswahlkriterien für ein einziges Logikspiel entscheiden. Die Kriterien beziehen sich jedoch in diesem Fall auf den Herstellungsprozess.

In den Mittelpunkt unserer Überlegungen stellten wir:
– schnelle Herstellbarkeit,
– geringe Materialkosten,
– Variantenvielfalt.

Für unser Beispiel:
Die Wahl fiel auf den SOMA-Würfel. Wir fanden aber nur ein Foto, das dieses Logikspielzeug zeigt.

1 Die sieben Einzelteile des SOMA-Würfel

Geschichte des SOMA-Würfels

PIET HEIN (1905–1996), dänischer Dichter und Mathematiker, besuchte mit 31 Jahren mathematische Vorlesungen. Nebenbei spielte er mit seinen Schreibutensilien und formte dabei aus Papier und Bleistift mehrere Würfel, die eine bestimmte „krumme" Form ergeben sollten.

Nach längerem Probieren entdeckte er eine besondere Anordnung der von ihm speziell zusammengesetzten sieben Einzelteile. Werden diese in eine bestimmte Lage zueinander gebracht, so ergeben sie einen großen Würfel.

PIET HEIN gab diesem Würfel in Bezug auf das Buch „Schöne neue Welt" von ALDOUS HUXLEY (1894–1963) den Namen „SOMA".

Das Faszinierende des SOMA-Würfels sind seine etwa 240 gefundenen Lösungsvarianten. Dies bedeutet, dass man den großen SOMA-Würfel durch 240 verschiedene Positionsanordnungen der sieben SOMA-Einzelteile zusammensetzen kann; weitere sind eventuell möglich.

Das Spiel wurde erst 1967 in Deutschland bekannt.

Neben den bereits genannten Vorteilen sprechen noch weitere Gründe für diese Entscheidung. Da der SOMA-Würfel noch nicht so bekannt ist, dürften viele Käufer dem Reiz des Neuen folgen.

So machen es die Betriebe

Für den wirtschaftlichen Erfolg eines Betriebes ist es wichtig, dass die Produktpalette stets der Nachfrage angepasst wird.

Eine Möglichkeit dazu ist das Entwickeln und Herstellen eines absolut neuen Produktes. Man spricht in diesem Fall von einer **Produkt-Neuentwicklung**.

 Die **Produkt-Neuentwicklung** umfasst die Entwicklung und Herstellung eines neuen Produktes durch einen Betrieb.

Ein Beispiel hierfür ist das in Mecklenburg-Vorpommern entwickelte neuartige Bodeneffektfahrzeug. Es gleitet dicht über dem Wasser. Dieses Transportmittel ist halb Flugzeug und halb Schiff und dabei doppelt so schnell wie ein Schiff. Mehrere Betriebe und Einrichtungen haben von 1994 bis 1997 den ersten Prototypen VT 01 für zwei Passagiere gebaut.

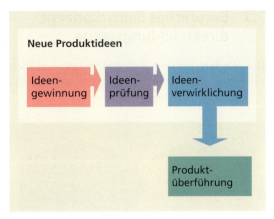

2 Weg einer neuen Produktidee

1 Der VT 01 vor dem Technikmuseum Schwerin

Seit 1999 wird an dem größeren Nachfolgemodell „Hydrowing HY 06" gearbeitet, das 6 Passagiere aufnehmen kann.

Eine weitere Möglichkeit zum Erneuern der Produktpalette ist die Verbesserung eines bereits produzierten Produktes durch Verändern der Produkteigenschaften. Man spricht in diesem Fall von **Produkt-Weiterentwicklung**.

> **M** Die Produkt-Weiterentwicklung umfasst die Verbesserung einzelner Eigenschaften eines bereits vorhandenen Produktes.

Viele Betriebe entwickeln ihre Produktpalette ständig weiter. In der EMH Elektrizitätszähler GmbH & Co. KG aus Wittenburg arbeitet fast jeder fünfte Beschäftigte in der Forschung und Entwicklung. Der Betrieb ist ein großer Hersteller digitaler Elektrizitätszähler. Im Gegensatz zu älte-

ren Modellen sind diese wartungsfrei und leicht bedienbar. Momentanwerte können exakt erfasst und zu einer Zentrale übertragen werden.

> **M** Betriebe müssen immer auf Ideensuche gehen, um die Produkte für den Käufer interessanter zu gestalten.

Wie die Abbildung 2 verdeutlicht, durchläuft eine neue Produktidee drei Phasen, bevor es zu einer Überführung in den Produktionsprozess kommen kann. Nicht jede Produktidee ist umsetzbar, viele Kriterien, wie die Lebensdauer, günstige Produktions- und Servicemöglichkeiten sowie die Chance eines guten Verkaufs, sind zu berücksichtigen.

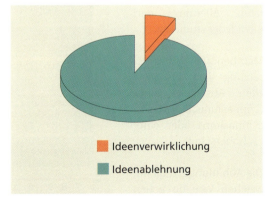

3 Das Verhältnis von Ideenverwirklichung und Ideenablehnung beträgt etwa 1:10.

2.3 Berufliches Selbstkonzept direkt: Bildungswege

Fast alle Schülerinnen und Schüler erlernen nach Abschluss der Regional-, Haupt-, Real- oder Gesamtschule einen Beruf.

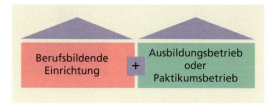

1 Lernorte für Theorie und Praxis

Die Abbildung 1 verdeutlicht, dass das Erlernen eines Berufes oft an zwei Lernorten stattfindet. Eine berufsbildende Einrichtung kann eine **Berufsschule,** eine überbetriebliche Ausbildungsstätte, eine Fachhochschule oder eine Universität sein.

An welcher der Einrichtungen man seinen Beruf letztlich erlernt, hängt vor allem vom eigenen Berufsziel ab. Dabei gibt es zahlreiche Berufe, die ein besonders hohes Wissen und Können verlangen. Das verlängert die Dauer der Ausbildung auf vier und mehr Jahre.

In diesem Fall spricht man vom Studieren. Man studiert an Fachhochschulen und Universitäten. Allerdings darf nicht jeder studieren.

Man benötigt als Voraussetzung den erfolgreichen Abschluss eines Gymnasiums, eines Fachgymnasiums oder einer Fachoberschule.

Die Abbildung 2 zeigt dir, welchen Weg du gehen kannst, um ein **Studium** aufnehmen zu können.

Möchtest du Ingenieur/in für Maschinenbau werden, dieser Beruf wurde am Anfang des Kapitels kurz vorgestellt, dann kannst du beispielsweise folgenden **Bildungsweg** einschlagen:

Du beendest die Regionalschule mit der 10. Klasse und gehst anschließend für drei Jahre auf ein **Fachgymnasium.** Hier wirst du nur aufgenommen, wenn du gute Zensuren auf deinem Zeugnis der zehnten Klasse vorweisen kannst. Nach erfolgreichem Abschluss des Fachgymnasiums kannst du dich bei einer **Fachhochschule** oder **Universität** bewerben. In Stralsund gibt es eine Fachhochschule mit dem Fachbereich Maschinenbau. Hier kannst du vier Jahre studieren und am Ende Ingenieur/in für Maschinenbau werden.

Anschließend suchst du dir einen Maschinenbaubetrieb, vielleicht auch in Mecklenburg-Vorpommern. Interessante Aufgaben von der Konstruktion bis zur Fertigung von Maschinen erwarten dich.

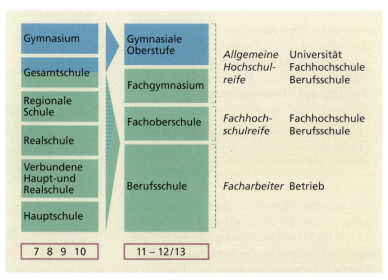

2 Bildungswege in Mecklenburg-Vorpommern

Aufgaben

Dein berufliches Selbstkonzept

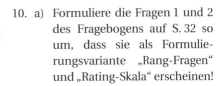

1. a) Ermittle im Internet Betriebe in Mecklenburg-Vorpommern, die Maschinen herstellen!
   b) Notiere jeweils den Betrieb, den Ort und Beispiele hergestellter Maschinen!

Kapitel 2.1

2. Notiere vier Ursachen, warum Menschen Betriebe gründen!

3. Notiere mindestens vier weitere Möglichkeiten, wofür das aus dem Verkauf von Produkten verdiente Geld ausgegeben werden könnte!

4. Warum muss man während der Produktfindung die Käuferwünsche berücksichtigen?

5. Formuliere drei weitere Fragen für eine durchzuführende Selbstbefragung!

6. Fertige eine komplette Tabelle zur
   a) Selbstbefragung (s. S. 31) und
   b) Fremdbefragung (s. S. 32) mit dem PC an! Stelle zuvor unter „Seite einrichten" die Seiteneigenschaft „Hochformat" auf „Querformat" um!

7. Was muss ein Existenzgründer/eine Existenzgründerin vorbereiten, bevor ein neuer Betrieb eröffnet werden kann?

8. a) Erkundige dich unter „http://www.schuelerlexikon.de" nach den möglichen Rechtsformen von Unternehmen!

   GmbH & Co. KG
   ☎ (03831) 238-0

   b) Notiere fünf Rechtsformen mit vollständiger Bezeichnung und Abkürzung!

9. Erläutere, was zu den Aufgaben der Marktforschung gehört!

10. a) Formuliere die Fragen 1 und 2 des Fragebogens auf S. 32 so um, dass sie als Formulierungsvariante „Rang-Fragen" und „Rating-Skala" erscheinen!

Kapitel 2.2

11. Stelle den Ablauf der Brainstorming-Methode zum Begriff „Spielzeug" als Checkliste zusammen!

12. Zähle die Vorteile von Logikspielen als gewählte Produktidee auf!

13. Durch die schnelle Entwicklung der Mikroelektronik werden Jahr für Jahr ständig Neu- und Weiterentwicklungen mit verbesserten Produkteigenschaften im Heimelektronikbereich möglich.
    a) Recherchiere dazu im Internet oder in Versandhauskatalogen nach Beispielen!
    b) Notiere zu mindestens drei Beispielen den Produktnamen und einen Herstellerbetrieb! Abbildungen sollten mit verwendet werden.
    c) Beschreibe, worin sich die gefundenen Produkte von älteren Modellen unterscheiden!

Kapitel 2.3

14. Welche Voraussetzungen muss man erfüllen, um studieren zu dürfen?

15. a) Recherchiere im Internet nach weiteren Fachhochschulen und Universitäten in Mecklenburg-Vorpommern!
    b) Notiere in einer Tabelle jeweils den Namen, die Stadt und die vorhandenen Fachbereiche der Bildungseinrichtungen!

Das Wichtigste im Überblick

Faktoren der Marktforschung

Bestandteile der Produktfindung

Wege der Marktforschung

Marktforschung durch:	
Primärforschung	Meinungsforschung
	Tatsachenforschung
	Motivforschung
Sekundärforschung	Auswerten vorhandener Informationsqellen

Checkliste: Gründung einer Schülerfirma

Ausgewählte Methoden der Informationsbeschaffung

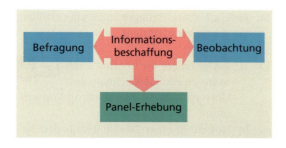

Produktentwicklung

Modellbauer/in

Voraussetzungen sind:

– Hand- und Fingergeschick,
– räumliches Vorstellungsvermögen,
– mathematisches Denken,
– Ideen-
   reichtum,
– Gewissen-
   haftigkeit,
– gute Leistun-
   gen in AWT,
   Kunst,
   Mathematik,
   Chemie.

Was?

Modellbauer/in-
nen fertigen auf
der Grundlage
von Zeichnungen Anschau-
ungs- und Produktions-
modelle an.

Womit?

Zum Einsatz kommen
Werkstoffe wie Holz, Metall,
Gips, Kunststoffe und Pa-
pier. Dabei werden Ferti-
gungsverfahren wie Bohren,
Sägen, Feilen und Gießen
angewendet.

Wo?

Gearbeitet wird in modern eingerichteten Werkstätten, z. B. in einer Modelltischlerei.

Technische(r) Zeichner/in

Voraussetzungen sind:

– räumliches Vorstellungsvermögen,
– Gewissenhaftigkeit,
– mathematisches und logisches Denken,
   – Teamfähigkeit,
   – Hand- und Fingergeschick,
   – gute Leistungen in Mathematik,
     AWT, Informatik.

Was?

Technische Zeichner/innen fertigen,
ausgehend von den Vorgaben der
Konstrukteure und Ingenieure, technische Skizzen und Zeichnungen an.

Womit?

Für das Zeichnen mit der
Hand kommen verschie-
dene Bleistifte, Tusche, Li-
neale, Schablonen und
weitere Zeichengeräte
zum Einsatz. Man nutzt
Zeichenbretter und -ma-
schinen. Häufig werden
auch CAD-Systeme, Com-
puter und Konstruktions-
software verwendet.

Wo?

Die Arbeitsplätze sind überwiegend speziell ein-
gerichtete Büroräume in Entwicklungs- und
Konstruktionsabteilungen großer Betriebe oder
in privaten Ingenieurbüros.

3.1 Erste Schritte

Produktmodellierung

Im Kapitel 2 entschieden wir uns für die Herstellung eines SOMA-Würfels. Bisher haben wir zum geplanten Produkt nur ein Foto.
Das Foto stellt die sieben Einzelteile des SOMA-Würfels gut dar. Dennoch kann man ihn nach dem Foto nicht so einfach herstellen. Als Arbeitsgrundlage fehlen wesentliche Angaben, wie z. B. die Maße.

Es scheint so, als wenn die SOMA-Einzelteile aus einem Grundelement bestehen, das in seiner Grundform einen Würfel aufweist (Abb. 2). Vielleicht sind es aber auch Quader. Wir müssen dies überprüfen, indem der SOMA-Würfel modellhaft nachgestaltet wird. Wir bauen also ein Modell.

 Modelle sind vereinfachte Abbilder der Wirklichkeit, die wesentliche Merkmale des Realobjektes enthalten.

Für die Modellierung der sieben abgebildeten SOMA-Einzelteile gibt es mehrere Möglichkeiten.

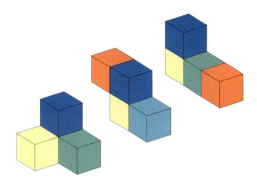

2 Würfel als Grundelement

Zunächst kann man Bausteine, die als Grundelement den Würfel besitzen, verwenden (Abb. 3).
Es gibt aber Fragen:
Wie viele Grundelemente besitzt jedes der sieben SOMA-Einzelteile? Aus wie vielen Grundelementen ist der SOMA-Würfel insgesamt aufgebaut? Welche Position können die Einzelteile im zusammengebauten SOMA-Würfel einnehmen?

Eine andere Idee wäre die Modellierung mit Steckbausteinen (S. 44, Abb. 1). Diese haben den großen Vorteil, dass man die SOMA-Einzelteile komplett oder fast komplett zusammenstecken kann. Ein scheinbarer Nachteil ist, dass das Grundelement keine Würfelform besitzt. Bei Modellen spielt das jedoch keine Rolle.

1 Die Einzelteile des SOMA-Würfels

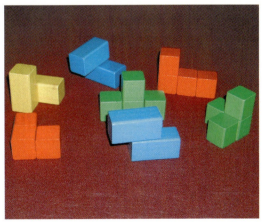

3 Modellierung mit Bausteinen

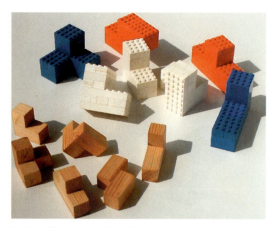

1 Modellierung mit Steckbausteinen

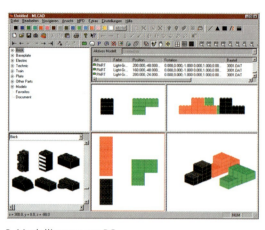

3 Modellierung am PC

Weitere Möglichkeiten sind der zeitaufwändigere Nachbau aus Papier oder Vierkantholz und die Modellierung am Computer. Mit geeigneter Software (Computerprogramme) können einfache **Modelle** in verschiedenen Größen, Farben und Positionen schnell nachgebildet (simuliert) werden (Abb. 3).

So machen es die Betriebe

Große Betriebe, wie Schiffswerften und Maschinenbaufirmen, unterhalten Entwicklungsabteilungen mit hoch qualifizierten Mitarbeitern. Im Zuge der Produktentwicklung wird das später herzustellende Produkt geistig vorweggenommen. Dabei müssen Spezialisten verschiedener Fachrichtungen eng zusammenarbeiten. Zur Bestimmung der künftigen Gestalt des Produktes sind zeichnerische Darstellungen unerlässlich. Sie sind Voraussetzung für das Anfertigen von Modellen und Produkten.

In der Mecklenburger Metallguss GmbH in Waren (Müritz) wird beispielsweise ein **Schiffspropeller** unter Nutzung zuvor angefertigter Skizzen am Computer entworfen. Anschließend werden im Modellbau verkleinerte Propellermodelle hergestellt, auf ihre Praxistauglichkeit untersucht und, wenn erforderlich, geändert. Die Durchführung dieser alternativen Untersuchungen an den viele Tonnen schweren Originalteilen wäre sehr aufwändig und zu teuer.

2 Konstruieren eines Schiffspropellers

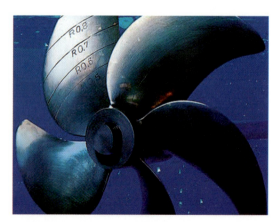

4 Modell des Schiffspropellers im Test

3.2 Grundlagen des Technischen Zeichnens

Skizzen, Zeichnungen und Normen

Im vorangegangenen Abschnitt 3.1 haben wir erfahren, dass in Betrieben zeichnerische Darstellungen in der Produktentwicklung eine große Rolle spielen. Zu diesen zählen vor allem die technische Skizze und die technische Zeichnung. Sie werden so genannt, weil sie technische Gegenstände darstellen. Dabei müssen Formen, Größe und Funktionen des technischen Gegenstandes eindeutig sein.

Skizzen und **Zeichnungen** haben viele Vorteile. Sie sind im Vergleich zu einer Textbeschreibung viel schneller anzufertigen, Platz sparender und genauer. Sie sind international verständlich. Man muss keine Fremdsprache beherrschen, um z. B. eine technische Zeichnung aus Japan verstehen zu können.

> **M** Technische Skizzen und Zeichnungen sind international verständliche zeichnerische Darstellungen eines technischen Gegenstandes.

Damit man überall Skizzen und Zeichnungen versteht, muss man sich an festgelegte Darstellungsformen halten. Diese sind in den ISO-Normen (international gültig) und in den **DIN-Normen** (in Deutschland gültig) festgelegt.

> **M** **Normen** sind festgelegte Darstellungsformen für technische Skizzen und Zeichnungen, die eingehalten werden müssen.

Die Benennung von technischen Zeichnungen kann unterschiedlich erfolgen. Unter anderem gibt es die Begriffe **Einzelteilzeichnung**, **Gruppenzeichnung** und **Zusammenbauzeichnung**.

1 Zusammenbauzeichnung
2 Gruppenzeichnung(en)
3 Einzelteilzeichnung(en)

2 Zusammenhang zwischen Zusammenbau-, Gruppen- und Einzelteilzeichnung

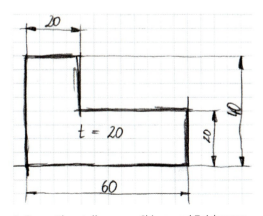

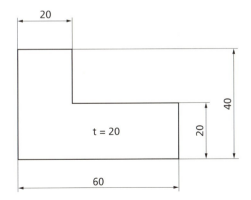

1 Gegenüberstellung von Skizze und Zeichnung

Beispiel: Ein Produkt besteht aus zwei Baugruppen, die ihrerseits aus insgesamt sieben Einzelteilen bestehen. Die Einzelteile werden separat, also in sieben Einzelteilzeichnungen, dargestellt. Ihr Zusammenwirken erkennt man in den beiden Gruppenzeichnungen, und deren Zusammenwirken geht aus der Zusammenbauzeichnung hervor.

Bevor man eine technische Zeichnung beginnt, fertigt man eine Skizze an. Hier kommt es auf zügiges Arbeiten unter Einhaltung der wesentlichen Normen an. **Skizzen** werden freihändig, nicht maßstäblich und mit Bleistift ohne weitere Zeichengeräte angefertigt. Die Größenverhältnisse müssen beachtet werden.

 Technische Skizzen sollten vor jeder Zeichnung angefertigt werden. Sie müssen eindeutig, vollständig und verständlich sein.

Zeichengeräte und Hilfsmittel

Die Qualität einer Arbeit kann auch vom verwendeten Werkzeug abhängen. Für das Technische Zeichnen werden als Werkzeug **Zeichengeräte** benötigt. Zum Anfertigen von Zeichnungen und Skizzen benötigt man in der Schule Zeichenpapier verschiedener Art, Bleistifte, Lineal, Dreiecke, Radiergummi, Zirkel und Schablonen. Mithilfe eines Zeichenbrettes erfolgt das Zeichnen wesentlich schneller und genauer.

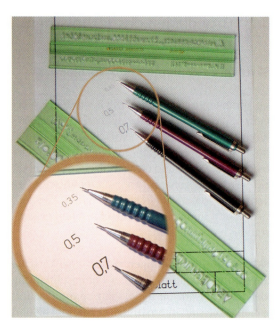

2 Feinminenstifte

Ein besonderes Augenmerk ist auf die Auswahl der Bleistifte zu legen. Empfehlenswert sind Feinminenstifte. Diese gibt es in den Stärken 0,35 mm, 0,5 mm und 0,7 mm. Dadurch kann man in gleich bleibender Qualität problemlos die verschiedenen Linienarten auf dem Zeichenblatt zeichnen. Ein Anspitzen ist nicht erforderlich.

Ein weiteres Werkzeug zum Anfertigen von Zeichnungen ist die computergestützte Verwendung entsprechender **Zeichensoftware**.

1 Empfohlene Arbeitsmittel

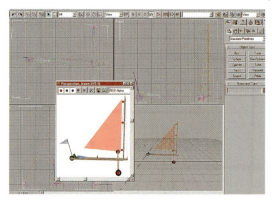

3 Bildschirmfoto von einem 3-D-Programm

Aus der Geschichte in die Gegenwart

Schon im Altertum wurden kunstvolle Skizzen und Zeichnungen angefertigt, um gezielt Fachwissen weiterzugeben. Der größer werdende Kompliziertheitsgrad technischer Gegenstände (insbesondere bautechnischer Werke) erforderte immer öfter das Zusammenarbeiten von Handwerkern. **Skizzen** und **Zeichnungen** mit technischen Inhalten entwickelten sich über die Jahrhunderte zu einer neuartigen Form der Darstellung von Gegenständen. Sie enthalten im Gegensatz zum Gemälde verschlüsselte Handlungsanweisungen.

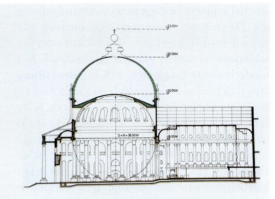

2 Aufrisszeichnung einer Kirche

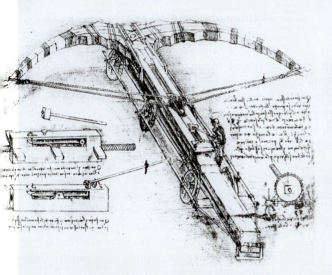

1 Skizze eines Bogengeschützes
von **LEONARDO DA VINCI** (1452–1519)

Deshalb wurde die Festschreibung allgemein gültiger Normen immer wichtiger. Am 22. Dezember 1917 erfolgte die Gründung des Normenausschusses der deutschen Industrie. Später ging daraus das Deutsche Institut für Normung hervor. Im März 1918 erschien die erste **DIN-Norm** (DIN 1, Kegelstifte). Heute gibt es Tausende gegenstands- und prozessbezogene Normen.

Ein neues Kapitel des Technischen Zeichnens begann mit der Verbesserung der Leistungsfähigkeit von Computersystemen. Seit den siebziger Jahren des 20. Jahrhunderts wurden diese immer öfter für das Erstellen von technischen Zeichnungen herangezogen. Heute ist neben den traditionellen Skizzier- und Zeichenmethoden der Einsatz des Computers unverzichtbar.

Mit der Erfindung vieler Geräte und Maschinen im 18. und 19. Jahrhundert mussten immer öfter technische Unterlagen für Fertigungsprozesse erstellt werden.

Große Fabriken bauten eigene Entwicklungs- und Konstruktionsabteilungen auf. Dampf- und Bohrmaschinen, Motoren, Automobile und andere technische Gegenstände erforderten vereinheitlichte Darstellungen u. a. von Schrauben, Bohrungen und Gewinde. Die Konstruktionsunterlagen mussten für alle Mitarbeiter verständlich sein.

3 Konstruieren mit dem Computer

Hierbei können im Gegensatz zur handgefertigten Darstellung Änderungen problemlos und schnell ausgeführt werden. Auch kann man verschiedene Varianten einfach „probieren". Sich wiederholende Tätigkeiten, z. B. die **Bemaßung,** lassen sich schnell und einfach verwirklichen. Oft benötigte **Normteile** (Schrauben, Muttern, Stifte, Scheiben u. a.) stehen als Bibliothek zur Verfügung. Sie müssen dabei nicht mehr einzeln gezeichnet werden. Ein Mausklick fügt sie in die Zeichnung ein. Leistungsfähige Systeme erlauben dreidimensionale Darstellungen, die sich realistisch bewegen lassen. In diesem Zusammenhang spricht man von „virtueller Realität" (scheinbare Wirklichkeit).

Linienarten

Jede technische zeichnerische Darstellung setzt sich aus verschiedenen Linien, die in der DIN 15 genormt sind, zusammen. Je nach Art und Breite symbolisieren sie in der Zeichnung verschiedene Sachverhalte. Somit ist die Kenntnis und richtige Anwendung der **Linienarten** besonders wichtig.

Linienbreiten und Linienarten für technische Zeichnungen im Format DIN A 4 (Auswahl)			
Linienbreite		**Linienart**	**Darstellung**
breit	0,7	Voll-Linie, breit	——————
schmal	0,35	Voll-Linie, schmal	——————
		Strichlinie	- - - - -
		Strich- punktlinie	- · — · — · · -
		Freihand- linie	∿

M In technischen Zeichnungen werden nur sichtbare Körperkanten als breite Voll-Linie gezeichnet.

Beschriftungen und Bemaßungen erfolgen in einer Höhe von 5 mm und in der Linienbreite 0,5 mm.

Grundlegende Informationen zum Skizzen- und Zeichenblatt

Zeichnerische Darstellungen werden in der Schule auf Blättern aus Papier angefertigt. Damit eine normgerechte Darstellung erfolgen kann, sind Informationen zu möglichen Blattformaten, zur Gestaltung eines Zeichenblattes und zum Eintragen von Texten und maßstäblichen Darstellungen notwendig.

Blattformate und Blattlage

Die Größe der Zeichenblätter ist in der DIN 476 genormt. Man spricht dabei von Blattformaten. Ausgangspunkt ist das **Blattformat** A0 (841 mm × 1189 mm). Es entspricht dem ungefähren Flächeninhalt von 1 m^2. Das jeweils nächstkleinere Blattformat erhält man durch Halbierung der größeren Rechteckseite.

Jedes genormte Blatt kann zur unteren Tischkante zwei unterschiedliche Lagen einnehmen. Besitzt die längere Seite des Blattes eine senkrechte Lage, so spricht man von der **Hochlage** des Blattes. Besitzt die längere Seite des Blattes eine waagerechte Lage, so spricht man von der **Querlage** des Blattes.

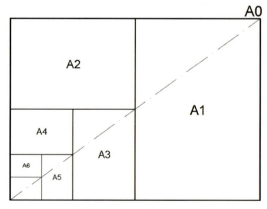

1 Blattformate nach DIN 476

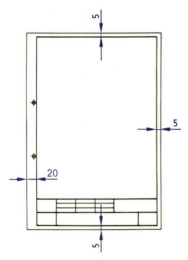

1 Randabstände am Zeichenblatt

2 Schriftfeld eines Zeichenblattes

3 Schriftfeld eines Skizzenblattes

Aufbau eines Skizzen- und Zeichenblattes

Jedes Blatt erhält in Hochlage auf der linken Blattrandseite einen 20 mm breiten Heftrand. Die übrigen drei Blattränder sind mit einem jeweils 5 mm breiten Schutzrand versehen. Im unteren Teil befindet sich das **Schriftfeld**. Hier sind Name, Datum, Herkunft des Zeichners und die Benennung der Darstellung eingetragen. Zusätzlich kann der **Maßstab** und die Materialart eingetragen werden.

Textangaben in Zeichnungen

In Zeichnungen müssen alle Textangaben gut lesbar sein. Aus diesem Grunde ist die Schrift in der DIN 6776 genormt. Das freihändige Beschriften ist nicht einfach. Oft werden mühevoll von Hand gefertigte Zeichnungen durch schlechte Beschriftungen unbrauchbar. Abhilfe können Normschriftschablonen schaffen. Auch Computerprogramme können die **Normschrift** darstellen.

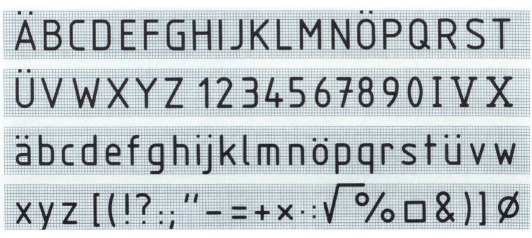

4 Normschrift nach DIN 6776

Maßstäbe

1 Beispiel für Vergrößerungen und Verkleinerungen

Viele darzustellende Gegenstände (z. B. ein Schiffspropeller) passen nicht in das Zeichenfeld des Zeichenblattes. Wenn ein Gegenstand zu groß ist, muss er verkleinert dargestellt werden. Ist ein Gegenstand so klein, dass Einzelheiten schlecht erkennbar sind (z. B. eine Stecknadel), wird die Darstellung vergrößert.

M Der Maßstab gibt das Verhältnis des dargestellten Gegenstandes zu seiner wirklichen Größe an.

Zeichnungsmaßstäbe sind in der DIN 5455 genormt. Es gelten:

– *Natürlicher Maßstab (Originalgröße)* ist 1:1 (sprich eins zu eins).

– *Verkleinerungsmaßstäbe* sind 1:2; 1:5; 1:10; 1:20; 1:50; 1:100.

– *Vergrößerungsmaßstäbe* sind 2:1; 5:1; 10:1; 20:1; 50:1.

Beispiel: Eine Bauzeichnung hat den **Maßstab** 1:100. Es ist eine hundertfache zeichnerische Verkleinerung der Wirklichkeit. Eine 4,5 m (4500 mm) lange und 25 cm (250 mm) dicke Wand erscheint in der Zeichnung als Rechteck von 45 mm Länge und 2,5 mm Breite.

M In einer technischen Skizze und Zeichnung werden immer die Originalmaße eingetragen.

Grundlagen zur Anfertigung technischer Zeichnungen mit dem Computer

Wie beim Zeichnen mit der Hand setzt das Zeichnen am Computer ein planvolles und schrittweises Vorgehen voraus.

Im Umgang mit der Software ist besonders wichtig, dass man dem Computer exakt mitteilen muss, was er wie machen soll. Eine solche Handlungsabfolge nennt man Algorithmus.

M Ein Algorithmus ist eine Handlungsvorschrift zum Lösen gleichartiger Aufgaben, die aus einer Folge von eindeutigen Anweisungen besteht.

Ein Algorithmus kann Bestandteil einer Arbeitsmethode sein.

Vektor- und pixelorientierte Programme

Zeichenprogramme unterscheidet man in zwei große Gruppen: vektororientierte und pixelorientierte Programme.

Ein **vektororientiertes** Programm arbeitet mit mathematischen Formeln. Linien und andere geometrische Objekte werden in der Zeichnung mathematisch beschrieben. Ein typisches Beispiel sind CAD-Programme. CAD ist die Abkürzung für computer-aided design oder computer-aided drafting, was soviel wie Computer gestütztes Konstruieren bedeutet. Mit CAD-Programmen kann man technische Zeichnungen erstellen und später weiter bearbeiten.

Pixelorientierte Programme setzen Bilder aus vielen kleinen Bildpunkten (Pixel) mit unterschiedlicher Farbe zusammen. Diese Programme eignen sich besonders gut zum Malen oder zum Bearbeiten von Fotos.

Arbeitsmethode
„Anfertigen einer Computerzeichnung"

Das Anfertigen von Computerzeichnungen erfordert genauere Kenntnisse der verwendeten Software. Anfängliche Probleme treten meist durch Unsicherheiten in der Bedienung auf. Sollte der Umstieg auf ein anderes Programm nötig sein, so gelingt das dennoch schnell, da dessen Handhabung ähnlich ist.

Programm starten:
Im Lehrbuch beziehen sich alle Arbeitsbeispiele auf das **Freeware-Programm „CadStd"**. Nach dem Start wird der Benutzer von einem Startbildschirm begrüßt.

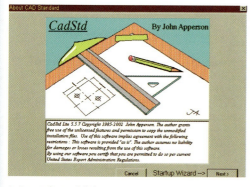

1 Begrüßungsbild

Unten rechts erscheint der Assistent, „Startup Wizard". Da wir ihn nicht benötigen, klicken wir die Schaltfläche „Cancel" (Abbruch).

Grundeinstellungen vornehmen:
Bevor man mit der Arbeit beginnt, sollten die **Grundeinstellungen** („Settings", rechte Seite in der Mitte) überprüft und gegebenenfalls geändert werden, um ein schnelles Zeichnen zu ermöglichen. Hierzu gehören u. a. das Einstellen der Schriftart, der Linienart und des Papierformates. Sehr wichtig ist auch die Einstellung von Raster und Fang, „Grid or Snap".

*Zeichnen mit den **Zeichenwerkzeugen**:*
Anschließend kann mit dem Zeichnen der einzelnen Objekte begonnen werden. Dazu verwenden wir die Zeichengeräte, „Draw Options".

2 Programmoberfläche mit Hinweisen

Änderungen vornehmen:
Manchmal müssen Änderungen an Objekten vorgenommen werden. Dazu zählen u. a. das Löschen, Kopieren, Drehen und Kippen. Hierfür sind die Bearbeitungsgeräte, „Edit Options", zu nutzen.

Zeichnung speichern / drucken:
Zum Abschluss müssen die Arbeitsergebnisse gesichert werden.
Die entsprechenden Funktionen finden wir in den Dateieinstellungen, „File Options", wiederum als Symbole.

Arbeitsbeispiel 1: Ein Haus mit dem Computer zeichnen und ändern

Im ersten Arbeitsbeispiel soll ein Haus mit „CadStd" gezeichnet werden.

Es besteht aus fünf Rechtecken, zwei Linien und einem Kreis.

A	Das Dach

Algorithmus: Zeichnen einer Linie

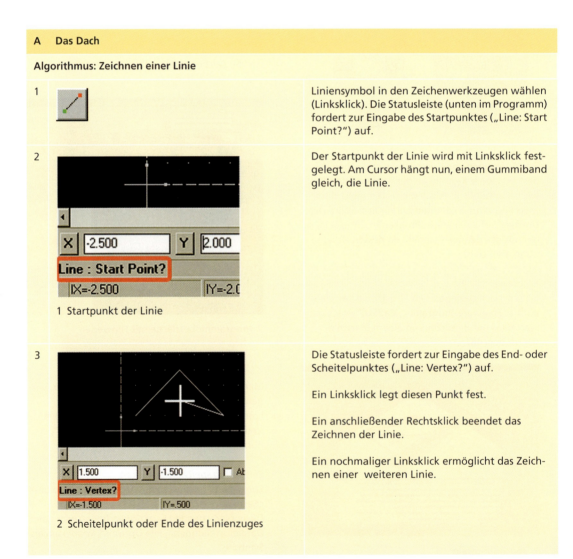

1 — Liniensymbol in den Zeichenwerkzeugen wählen (Linksklick). Die Statusleiste (unten im Programm) fordert zur Eingabe des Startpunktes („Line: Start Point?") auf.

2 — Der Startpunkt der Linie wird mit Linksklick festgelegt. Am Cursor hängt nun, einem Gummiband gleich, die Linie.

X -2.500   Y 2.000
Line : Start Point?
IX=-2.500   IY=-2.0

1 Startpunkt der Linie

3 — Die Statusleiste fordert zur Eingabe des End- oder Scheitelpunktes („Line: Vertex?") auf.

Ein Linksklick legt diesen Punkt fest.

Ein anschließender Rechtsklick beendet das Zeichnen der Linie.

Ein nochmaliger Linksklick ermöglicht das Zeichnen einer weiteren Linie.

X 1.500   Y -1.500   ☐ Ab
Line : Vertex?
IX=-1.500   IY=.500

2 Scheitelpunkt oder Ende des Linienzuges

Algorithmus: Löschen von Objekten

1		Symbol „Löschen" („Delete") in den Bearbeitungseinstellungen („Edit Options") wählen (Linksklick).
2		Auswahl des zu löschenden Objektes (Linksklick). Es ändert seine Farbe.
		Tipp: Die Umschalttaste (Shift) ist zusätzlich zu drücken, wenn mehrere Objekte gelöscht werden sollen.
3		Mit abschließendem Rechtsklick wird gelöscht.

B	Außenmauern, Fenster und Tür

Algorithmus: Zeichnen eines Rechtecks (bzw. Kreises)

1		Auswählen des Rechtecksymbols in „Draw Options" durch Linksklick. Die Statusleiste fordert zur Eingabe der ersten Ecke („Rectangle: Start Corner?") auf.
2		Startpunkt des Rechtecks festlegen (Linksklick).
3		Endpunkt des Rechtecks mit der Maus bestimmen und festlegen (Linksklick).

C	Rundes Dachfenster

Der unter B beschriebene Algorithmus wird auch auf Kreisobjekte angewandt. Dabei fragt die Statusleiste nach dem Kreismittelpunkt und dem Radius.

Ausgewählte Softwarebegriffe der Menüleiste		Ausgewählte Softwarebegriffe der Menüleiste	
Englisch	**Deutsch**	**Englisch**	**Deutsch**
FILE	Datei	rotate	drehen
save as	speichern als	SELECT	auswählen
DRAW	zeichnen	invert selection	Auswahl umkehren
arrow	Pfeil	mark all	komplett markieren
rectangle	Rechteck	scale unit	Maßeinheit
dimension horizontal	waagerechtes Maß	SETTINGS	Einstellungen
dimension vertical	senkrechtes Maß	width	Breite
EDIT	bearbeiten	size	Größe
delete	löschen	grid	Gitternetz
move	bewegen	angle (ang)	Winkel

Arbeitsbeispiel 2: Vorlagedatei eines vorbereiteten Zeichenblattes mit dem Computer anlegen

Für das Anfertigen von technischen Zeichnungen mit dem Computer benötigen wir immer ein vorbereitetes Zeichenblatt mit Rändern und Schriftfeld (s. S. 49, Abb. 1 und 2). Deshalb sollte dieses Blatt im zweiten Arbeitsbeispiel gezeichnet und als Vordruck (Vorlagedatei) abgespeichert werden. Für weitere Arbeitsbeispiele wird diese Vorlagedatei geöffnet und sofort unter neuem Namen abgespeichert. Dadurch ersparen wir uns Zeichenarbeit.

A	Grundeinstellungen vornehmen

1 Einstellen des Blattformates DIN A4

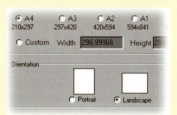

1 Blattformat

Linksklick auf „Paper Settings" in der Symbolleiste „Settings".

Auswählen von A4 hochkant („Portrait") durch Linksklick.

Blattränder („offset") werden auf null gesetzt, da sie eingezeichnet werden müssen; anschließend „OK".

2 Einstellung von **Raster** (auf 5) und Fang

2 Hilfsmittel

Auswählen von „Set Grid or Snap" in der Symbolleiste „Settings" durch Linksklick. Den Wert „Size" in „X" und „Y" auf 5 setzen. „Grid on" bleibt eingeschaltet.

Info: Das **Raster** überzieht die Zeichenfläche mit kleinen Punkten. Schaltet man zusätzlich „snap" ein, werden diese Punkte beim Zeichnen „magnetisch". Das bedeutet, dass sie angesprungen werden.

3 Dimensionen einstellen

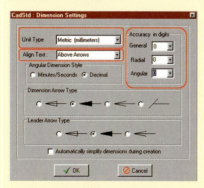

3 Bemaßungseinstellungen

Linksklick auf „Dimension Settings" in der Symbolleiste „Settings".

Das „Zahlensystem" („Unit Type") wird auf „Metrisch" („metric") und Millimeter gesetzt.

Die Textausrichtung („Align Text") wird auf „Oberhalb der Pfeile" („Above Arrows") gesetzt.

Die Genauigkeit („Accuracy in digits") wird jeweils auf null gesetzt.

B	Zeichnen der Ränder

4	Schutz- und Heftrand zeichnen

1 Einstellen der Linienarten

Zunächst wird unterhalb der Menüleiste die Linienart („Line Type") auf breite Voll-Linie gesetzt.

Nun wird das Linien- Symbol (in „Draw Options") ausgewählt.

Anschließend werden die Ränder im Abstand von vier (Heftrand) bzw. einem Rasterpunkt (Schutzrand) gezeichnet.

Info:
Fehler werden, wie im Algorithmus „Löschen" (S. 53) beschrieben, entfernt.

C	Zeichnen des Schriftfeldes

5	Breite Linien zeichnen	Siehe Schritt 4

6	Drei schmale Linien zeichnen

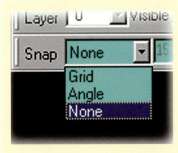

2 Abschalten des magnetischen Fanges

Einstellen der **Linienart** auf schmale Linienbreite und des Rasters („Set Grid or Snap") auf 1.

Info:
Mit dem Werkzeug „Lupe" wird der gewünschte Zeichenbereich vergrößert.

Tipp:
Sollte der Abstand der drei Linien untereinander nicht gleich werden, so schaltet man den Fang kurz ab und verschiebt die Linien nach Augenmaß. Anschließend den Fang wieder einschalten.

D	Speichern der Zeichnung

7	Der Dateiname lautet: „zeichenblatt.cad"

Das Eintragen eines Textes im Schriftfeld wird zu Übungszwecken mit der Hand vorgenommen!

3.3 Projektionen

Der Mensch hat Augen, um zu sehen, und dabei findet etwas Interessantes statt. Räumliche Gebilde werden auf der Netzhaut der Augen flächig dargestellt. Erst das Gehirn setzt die beiden Bilder wieder räumlich zusammen.

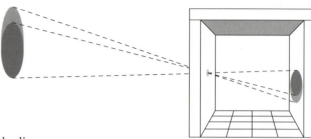

Beim Skizzieren und Zeichnen wird dieser räumliche Eindruck auf ein Blatt Papier übertragen. Räumlich bedeutet dreidimensional und meint die drei Dimensionen: Breite, Höhe, Tiefe.

> **M** Projizieren ist ein zeichnerisches Verfahren, bei dem dreidimensionale Objekte auf Zeichenflächen übertragen werden. Die dabei entstehenden Abbildungen heißen Projektionen.

Eine Projektion soll möglichst einfach zu zeichnen und gut erkennbar sein. Gleichzeitig sollen die dargestellten Größenverhältnisse wirklichkeitsgetreu erscheinen.

Die Erfüllung dieser Anforderungen kann durch ein einziges Projektionsverfahren nicht realisiert werden. Es gibt mehrere Verfahren, wir werden diese nun kennen lernen.

1 Die Maler des Mittelalters benutzten zum Übertragen der dreidimensionalen Wirklichkeit eine Lochkamera. LEONARDO DA VINCI (1452–1519) bohrte beispielsweise ein kleines Loch in die Hauswand und konnte so eine Sonnenfinsternis beobachten.

Perspektivisches Darstellen mit Fluchtpunkten (Zentralprojektionen)

Durch das Eintragen einer Horizontlinie lässt sich in jedem Bild ein räumlicher Eindruck erzielen. Wird diese Horizontlinie allein dargestellt und anschließend mit einem oder mehreren Fluchtpunkten versehen, wirkt ein darauf bezogen gezeichnetes Objekt räumlich.
Die Abbildungen 3 bis 5 zeigen verschiedene Einzelteile des SOMA-Würfels in fluchtenden Darstellungen.

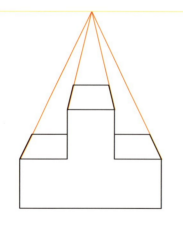

3 Darstellung mit einem Fluchtpunkt

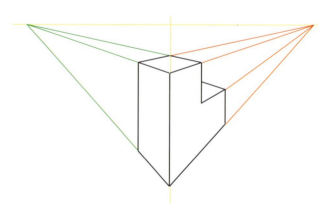

4 Darstellung mit zwei Fluchtpunkten

2 Perspektivische bildliche Darstellung des unvollständigen SOMA-Würfels

Ein Nachteil der **Zentralprojektionen** ist die mangelnde Genauigkeit, die durch **Verzerrungen** hervorgerufen wird. Da die **Fluchtpunkte** beliebig gelegt werden können, erfordert dies ein gutes Gespür für Maße und Proportionen. Die Maßeintragung ist überwiegend kompliziert. Dennoch zeichnet sich die Zentralprojektion durch eine hohe Anschaulichkeit aus.

Schrägbilder (axonometrische Projektionen)

Einige Nachteile beim perspektivischen Zeichnen mit Fluchtpunkten lassen sich bei **Schrägbildern** umgehen. Im Gegensatz zur Zentralprojektion befindet sich jetzt der Standpunkt des Betrachters im Unendlichen. Die Projektionsstrahlen verlaufen parallel zueinander.

Nachfolgend wird als einzige axonometrische Projektion die **Frontaldimetrie** (Kavaliersperspektive) betrachtet.

Frontaldimetrie ist ein zusammengesetztes Wort. Frontal steht für Vorderseite und meint deren unverzerrte Darstellung.

Dimetrie steht für zwei (di) Maßstäbe (metrie) und meint die gleichzeitige Verkürzung der **Tiefenlinien** in einer Projektion. In der Frontaldimetrie werden zwei Maßstäbe (M 1:1 und M 1:2) verwendet. Die Normen sind in der DIN 5 festgelegt.

 Für die Frontaldimetrie gilt, dass die Tiefenlinien unter einem Winkel von 45° und um die Hälfte verkürzt (M 1:2) dargestellt werden.

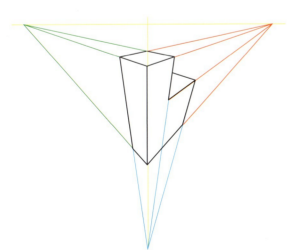

5 Darstellung mit drei Fluchtpunkten

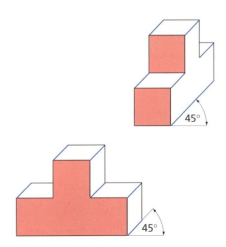

6 Schrägbilder des SOMA-Einzelteiles 3 mit gekennzeichneter Vorderseite und Tiefenlinien

Arbeitsmethode „Skizzieren und Zeichnen von Schrägbildern durch Abräumen"

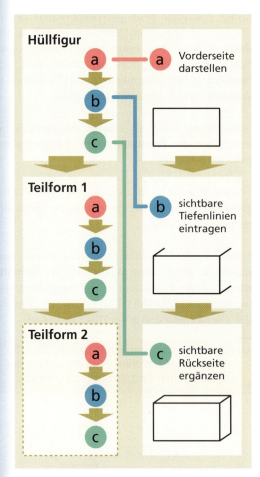

1 Entwickeln von Schrägbildern

Der ungefähre Platzbedarf geht aus der zuvor angefertigten Skizze hervor. Vereinfacht kann in der Hüllfigur auf verdeckte Körperkanten verzichtet werden. Es sollte zunächst ein Feinminenstift 0,35 benutzt werden, da nach Abschluss der Darstellung radiert werden muss.

*Beschreibung der **Abräummethode***

Hüllfigur:
1. Darstellen der Frontfläche (Vorderseite).
2. Die **Tiefenlinien** werden um die Hälfte verkürzt und unter einem Winkel von 45° angetragen.

3. Ergänzen um den sichtbaren Teil der Rückseite, so dass sich das Schrägbild eines Quaders ergibt.

Erste **Teilform**:
4. Die Frontfläche der in Gedanken zu entfernenden Teilform wird eingetragen.
5. Die **Tiefenlinien** werden nach Punkt 2 angetragen.
6. Die Rückseite wird ergänzt. Dabei sind die „verdeckten" Körperkanten als sichtbare Kanten einzutragen. Es ist das Schrägbild eines „durchsichtigen" Würfels entstanden.

Zweite Teilform:
7. Die Reihenfolge der Arbeitsschritte erfolgt wie in 4 bis 6 beschrieben.

Abschlussarbeiten:
8. Alle Hilfslinien werden durch Radieren entfernt.
9. Alle sichtbaren Körperkanten werden mit einem Feinminenstift 0,7 nachgezeichnet.

> **M** Die Abräummethode ist eine zeichnerische Arbeitsmethode, bei der in einer quaderförmigen **Hüllfigur** vorhandene Teilformen eingetragen und anschließend durch Radieren „abgeräumt" werden.

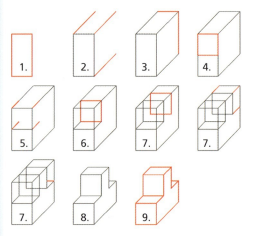

2 Entwickeln von Schrägbildern nach der Abräummethode

Arbeitsbeispiel 3: Zeichnen von Schrägbildern am Computer

| 1 | Öffnen der Datei „zeichenblatt.cad" und anschließendes Abspeichern unter „schraegb.cad". |

A   Frontfläche der Hüllfigur

2

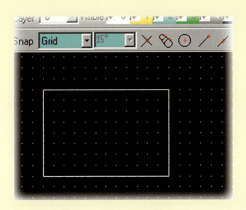

1 Rechteck 60 × 40 als Frontfläche
der Hüllfigur

Einstellen der Linienart auf schmale Voll-Linie.
Anschließender Linksklick auf das Linienwerkzeug.

Etwa in der Mitte des Zeichenfeldes
wird ein Rechteck von 60 × 40
(Vorderseite der Hüllfigur) gezeichnet.

Tipp:

Um sich das Arbeiten zu erleichtern,
wird der betreffende Zeichnungsausschnitt
vergrößert.

B   Tiefenlinien der Hüllfigur

3

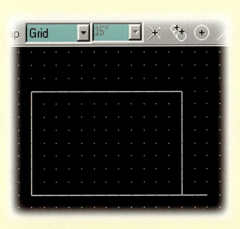

2 Tiefenlinie mit Länge 10

An der unteren rechten Ecke des Rechtecks
wird eine schmale Linie mit der Länge 10
angetragen. Anschließend wird die
Tiefenlinie um 45° gedreht.

Algorithmus „Drehen eines Zeichenobjektes"

– Auswählen des Bearbeitungssymbols „Drehen"
  („Rotate").

– Auswählen der zu drehenden Linie.

– Drehwinkel 45° über die Tastatur eingeben.

4

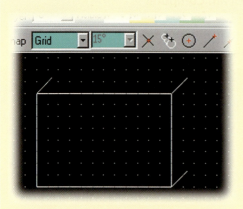

1 Tiefenlinien werden kopiert.

Die schräge Tiefenlinie wird an die beiden oberen Eckpunkte des Rechtecks kopiert.

Algorithmus „Kopieren eines Zeichenobjektes"

– Auswählen des Bearbeitungssymbols „Kopieren" („Copy").

– Auswählen der Tiefenlinie.

– Abschließend Startpunkt und Ziel der Verschiebung anklicken.

C   Rückseite der Hüllfigur

5

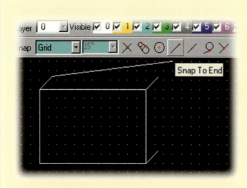

2 Objektfang „Endpunkt"

Die Tiefenlinien müssen über eine Objektfang-Linie verbunden werden.

Algorithmus „Objektfang"

– Zuerst, wenn nötig, Liniensymbol in „Draw Options" links klicken.

– Danach Auswählen des Symbols „Snap to End" (unterhalb der Menüleiste neben „Snap").

– Anschließend Objektfang der Reihe nach auf die einzelnen Endpunkte der Tiefenlinien setzen.

– Abschluss des Objektfangs mit Rechtsklick.

D   Abschließende Arbeiten

6   Eintragen der Teilformen und anschließendes Entfernen überschüssiger Linien der Grundform.

7   Zum Schluss werden mit einer breiten Voll-Linie die sichtbaren Körperkanten nachgezogen.

Darstellen in Ansichten
(rechtwinklige Parallelprojektion)

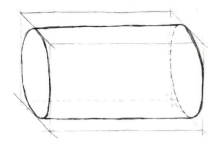

1 Schrägbild eines Zylinders

Die Freihandskizze „**Schrägbild** eines Zylinders" stellt sehr anschaulich die Grenzen der axonometrischen Projektionen dar. Die eigentlich kreisrunden Seitenflächen müssen über komplizierte Verfahren ellipsenförmig dargestellt werden. Eine Maßeintragung ist nicht einfach.

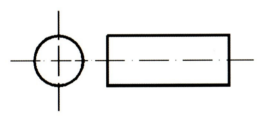

2 Zylinder in zwei Ansichten

Abhilfe bietet ein anderes Projektionsverfahren. Dabei betrachtet man den Gegenstand nicht von einer, sondern von mehreren Positionen aus. Man erhält dadurch verschiedene Ansichten ohne Verzerrungen.

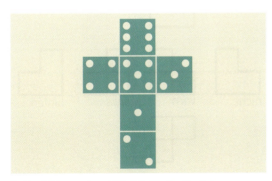

3 Abwicklung eines Würfels für Brettspiele

Damit ein Spielwürfel nachgebaut werden kann, müsste man alle sechs Flächen sinnvoll miteinander verbinden. In der **Abwicklung** (Abb. 3) tauchen sechs verschiedene Seiten des Würfels auf. Sie stellt die Flächen des Körpers in der Zeichenebene aufgeklappt dar. Ähnlich ist es mit den sechs Ansichten. Diese erhält man, wenn der Gegenstand jeweils um 90° gekippt wird.

Schnittdarstellung

Sehr viele Gegenstände besitzen Hohlformen. Ein Beispiel hierfür ist der Nistkasten. Mit einer Projektion können diese Hohlformen jedoch nicht dargestellt werden, da man nicht vollständig in den Gegenstand hineinsehen kann. Das Aussehen und die Größe der Hohlform bleiben verborgen.

Deshalb wurde im Technischen Zeichnen ein spezielles Darstellungsverfahren entwickelt, das Schnittdarstellung genannt wird. Dabei wird der Gegenstand gedanklich von einer Schnittebene durchschnitten und die Vorderhälfte entfernt, so dass man in den Gegenstand hineinsehen kann. Damit die Schnittflächen sofort erkennbar sind, werden diese mit einer Schraffur gekennzeichnet.

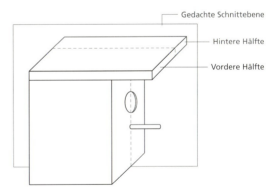

— Gedachte Schnittebene

— Hintere Hälfte

— Vordere Hälfte

4 Nistkasten im Schrägbild mit Schnittebene

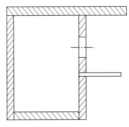

5 Nistkasten im Vollschnitt

Das Entstehen der **Ansichten** kann man sich auch so vorstellen: Beleuchtet man den Körper von vorn, so erscheint auf einem hinten aufgespannten Blatt das Schattenbild (Abb. 1, rot). Beleuchtet man ihn von links, entsteht das Schattenbild rechts usw.

> **M** Als Ansicht von vorn sollte die aussagefähigste Ansicht gewählt werden. Sie wird auch **Hauptansicht** genannt.

Die Anordnung der Ansichten eines Werkstücks erfolgt nach festen Regeln (europäische Projektionsart, Methode 1 nach DIN 6). Die Benennung der Ansichten ergibt sich aus den Abbildungen 1 bis 3.

> **M** Ausgehend von der Ansicht von vorn (AV), befinden sich durch Kippen des Gegenstandes die Ansicht von rechts (AR), links, die Ansicht von links (AL), rechts, die Ansicht von oben (AO), unten und die Ansicht von unten (AU), oben.

Oft sind für das Darstellen aller Maße nicht alle sechs Ansichten nötig. Vielfach reichen zur eindeutigen Wiedergabe eines Gegenstandes bereits drei Ansichten. Einfachere Gegenstände könnten sogar nur zwei Ansichten erfordern. Besitzen

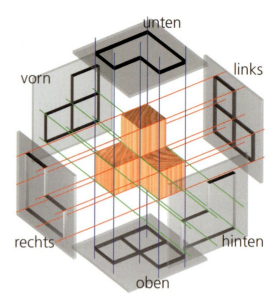

2 Teil des SOMA-Würfels aus verschiedenen Blickrichtungen (Ansichten)

diese eine gleich bleibende Dicke, so kann sie besonders gekennzeichnet werden (s. S. 66, „Formkennzeichen"). In dem Fall genügt die Darstellung der Ansicht von vorn.

> **M** Die Anzahl der notwendigen Ansichten ist von der eindeutigen Darstellung und Bemaßung abhängig.

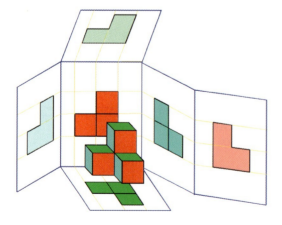

1 SOMA-Teil auf Ebenen projiziert

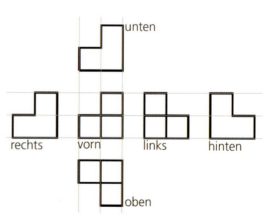

3 Lagerichtige Darstellung der sechs Ansichten

Arbeitsmethode „Skizzieren und Zeichnen von Ansichten"

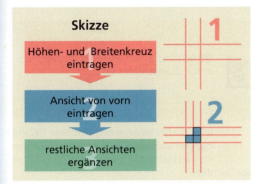

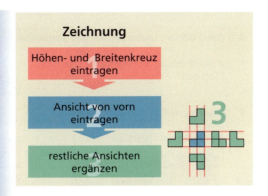

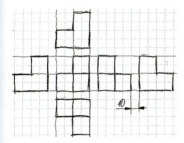

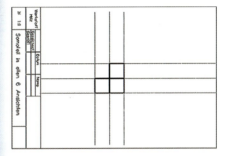

1 Freihandskizze

A) Zuerst wird eine Entwurfsskizze angefertigt.
Sie gibt Aufschluss über Aussehen und Lage der
Ansichten und den benötigten Platzbedarf.

3 Ansicht von vorn

C) Die Ansicht von vorn wird in die Schnittfläche
des Höhen- und Breitenkreuzes mit breiter Voll-
Linie gezeichnet.

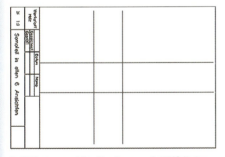

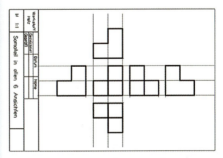

2 Höhen- und Breitenkreuz als Hilfslinien

B) Danach wird das **Höhen- und Breitenkreuz** gezeichnet.
Die äußeren Höhen- und Breitenlinien entsprechen dabei dem jeweiligen Höhen- und Breiten-
gesamtmaß des Gegenstandes. Achte insbesondere auf parallele Hilfslinien!

4 Ergänzen der restlichen Ansichten

D) Nach dem Antragen jeweils gleicher Abstände (z. B. 10 mm) zu den anschließend einzutragenden Körperkanten der benachbarten Ansichten zeichnet man diese nacheinander.
Zuletzt können die Hilfslinien des Höhen- und
Breitenkreuzes radiert werden.

Arbeitsbeispiel 4: Zeichnen von Ansichten mit dem Computer

A	Datei öffnen, umbenennen und abspeichern		
1	Auswählen der Vorlagedatei „zeichen-blatt.cad"		Öffnen und anschließendes Abspeichern unter „6ansichten.cad".

B	Grundeinstellungen vornehmen		
2	Einstellen der Querlage 	Verkleinern	**Info:** Da bei einer neuen Blattlage Verschiebungen auftreten, sollte die Zeichnung etwas verkleinert und nach links gescrollt werden.
		Paper Settings	Auswählen des Symbols „Paper Settings" (in „Settings"). „Orientation" ist auf Querlage („Landscape") zu stellen.
3	Drehen von Rändern und Schriftfeld		– Auswählen des Symbols „Rotate". – Markieren der zu drehenden Objekte. – Anklicken der linken unteren Ecke als Drehpunkt.
		Verschieben	– Verschieben der gedrehten Zeichnung in den Zeichenbereich.
4	Einstellen von Raster und Fang 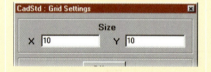	Set Grid or Snap	Auswählen des Symbols „Set Grid or Snap" (in „Settings"). Da die Linien durch 10 teilbar sind, wird der Rasterabstand in „Size" auf 10 gesetzt. „Grid on" bleibt geschaltet.

C	Zeichnen der Ansichten		
5	Ergänzen der restlichen Arbeiten 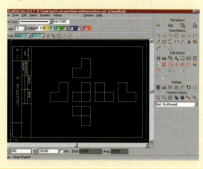	Polylinie	Einstellen der Linienart auf breite Voll-Linie. Links neben der Zeichenflächenmitte kann mit der Ansicht von vorn begonnen werden. Ein Höhen- und Breitenkreuz ist hilfreich. Beachte bei der Darstellung der Ansichten die Arbeitsmethode „Skizzieren und Zeichnen von Ansichten" (S. 63)! Zum Zeichnen kann das Rechteck, die Linie oder die Polylinie (sie zeichnet zusammenhängende Liniensegmente) verwendet werden.

D	Speichern der Zeichnung		

3.4 Grundsätze beim Eintragen von Maßen

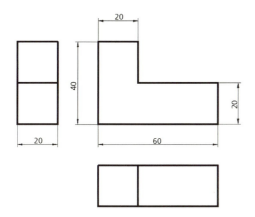

1 Einzelteil des SOMA-Würfels mit Bemaßung

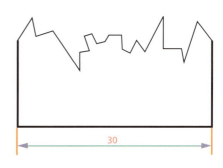

2 Elemente der Maßeintragung: Maßhilfslinie, Maßlinie, Maßlinienbegrenzung, Maßzahl.

Zeichnungen sind wichtige Unterlagen für die Herstellung von Produkten. Aus den Maßangaben können neben den Abmessungen auch die Formen eines Werkstücks hervorgehen. Dabei ist die Angabe der Gesamt- und Teilmaße eine unverzichtbare Voraussetzung für eine gleich bleibende Qualität. Eine nicht fachgerechte **Bemaßung** kann bei der Herstellung des Gegenstandes zu Missverständnissen führen. Deshalb erfolgt das Eintragen von Maßen nach der DIN 406.

Elemente der Maßeintragung

Aus Abbildung 2 geht hervor, dass sich die **Maßeintragung** aus vier Elementen zusammensetzt. Sie haben in jeder Skizze und Zeichnung ein gleiches Erscheinungsbild.

M Die Elemente der Maßeintragung sind Maßhilfslinie, Maßlinie, Maßlinienbegrenzung und Maßzahl.

Die **Maßhilfslinien** werden direkt an die zu bemaßenden Kanten gesetzt. Sie ragen etwa 2 mm über die **Maßlinienbegrenzung** hinaus. Maßhilfslinien sollten eine möglichst geringe Länge besitzen. Sie dürfen sich nur im Ausnahmefall untereinander oder mit Maßlinien kreuzen.

Maßlinien verlaufen vorwiegend parallel zu den maßgebenden Körperkanten. Die Maßlinie befindet sich zwischen den beiden Maßhilfslinien. Der Abstand zwischen der Hüllfigur und der ersten Maßlinie sollte mindestens 10 mm betragen. Der Abstand zwischen zwei Maßlinien sollte mindestens 7 mm betragen. Bei einer geringeren Maßlinienlänge als 15 mm wird die Maßlinie an ihren beiden Enden um ca. 10 mm über die Maßhilfslinie verlängert.

M Maß- und Maßhilfslinien sind als schmale Voll-Linien einzutragen.

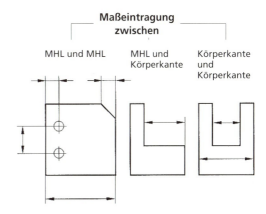

3 Fallbeispiele für das Eintragen von Maßhilfslinie und Maßlinie

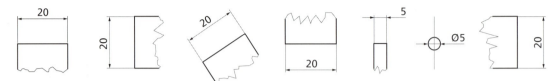

1 Varianten zum Eintragen von Maßpfeil und Maßzahl

Die **Maßlinienbegrenzung** kann durch **Maßpfeile** erfolgen. Sie sind schmal, gefüllt, geschlossen und gleich lang (ca. 4 mm). Die Spitzen des Maßpfeiles berühren die Maßhilfslinien. Maßpfeile werden außerhalb der Maßhilfslinien angetragen, wenn die Maßlinien eine geringere Länge als 15 mm besitzen.

Maßzahlen geben die Entfernungsmaße an. Sie werden in Millimetern und ohne Angabe der Maßeinheit in Normschrift eingetragen. Sie stehen in der Mitte zwischen den Maßhilfslinien und etwas über der Maßlinie. Maßzahlen müssen von unten oder von rechts lesbar sein. Ausnahmebestimmungen gibt es, wenn zum Eintragen der Maßzahl wenig Platz vorhanden ist. Maßzahlen können mit Formkennzeichen (z. B. t = 10) versehen werden.

Formkennzeichen

Ausgewählte oft vorkommende Formen eines Gegenstandes werden in der Maßeintragung zusätzlich mit Formkennzeichen versehen. Sie werden vor die Maßzahl geschrieben. Formkennzeichen gibt es für die Dicke (t), den Durchmesser (ø), den Radius (R), Winkelgrade (°), Quadrate (□) und Schlüsselweiten (SW).

> **M** **Formkennzeichen** sind vor den Maßzahlen stehende Zusatzzeichen, die besondere Formen eines Gegenstandes beschreiben.

Systematik der Maßeintragung (Maßbezugssystem)

Maßeintragungen können funktions-, fertigungs- oder prüfbezogen sein. Deshalb wird der Maßeintragung ein **Maßbezugssystem** zugrunde gelegt. Um Herstellungsfehler zu vermeiden, können Maße nicht beliebig eingetragen werden.

In Abbildung 3 wurden die **Maßzahlen** zunächst aneinander gereiht. Bei dieser Vorgehensweise wird wenig Zeit benötigt und Platz gespart. Aber die Genauigkeit der Lage der sechs Bohrungen in der Herstellung ist nicht gegeben. Man stelle sich vor, dass beim Anreißen der sieben Maße jeweils

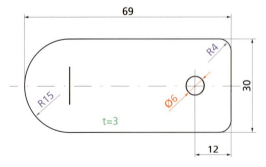

2 Bemaßung von Radien, Durchmesser und Dicke

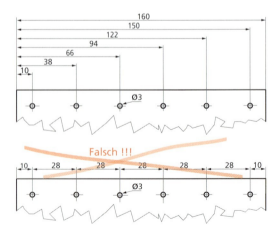

3 Richtige und fehlerhafte Bemaßung

eine Ungenauigkeit von einem halben Millimeter auftritt. Diese kann für die sechste Bohrung schon 3 mm betragen. Das Werkstück wäre 3,5 mm zu breit und damit unbrauchbar.

Die Lösung zeigt der obere Teil der Abbildung. Die linke Körperkante wurde zur Bezugskante bestimmt. Das bedeutet, dass sich alle waagerechten Maße auf diese Körperkante beziehen.

> **M** **Kettenmaße** sind aneinander gereihte Maße und zu vermeiden.

Maßbezugssysteme können sich auf Körperkanten und/oder Symmetrieachsen (Mittellinien) beziehen (Abb. 1). Dabei beziehen sich die senkrecht eingetragenen Maßlinien (Höhenmaße) auf die untere Körperkante und die waagerecht einzutragenden Maße (Breitenmaße) auf die linke Körperkante bzw. auf die Symmetrieachse.

Maßeintragungen mit dem Computer

Das Bemaßen von Zeichnungen ist am Computer einfacher als mit Lineal und Bleistift. Fehler lassen sich ohne Radieren verbessern, die Maßzahlen erscheinen exakter, und alle Pfeile sind gleich groß, schmal und spitz. Für die Bemaßung notwendige Angaben sind in der Zeichnung enthalten, da bereits in Originalgröße gezeichnet wurde. Die Bemaßungsfunktion macht sie praktisch nur sichtbar.

Ein weiterer Vorteil ist das Zeichnen auf verschiedenen Ebenen, auch **Layer** genannt. Layer kann man sich wie bedruckte Klarsichtfolien vorstellen, die man in beliebiger Kombination betrachten kann. Bei einer **Zusammenbauzeichnung** wird z. B. jedes Einzelteil auf einen separaten Layer gelegt. Bei Bedarf können beliebige Teile gemeinsam angezeigt werden.

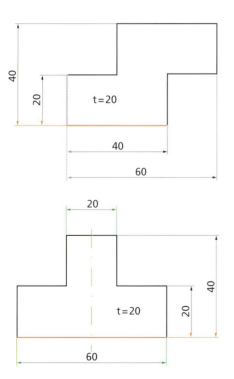

1 Maßbezugssysteme

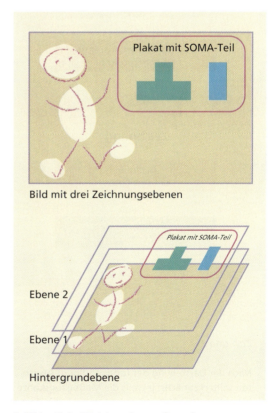

2 Bild mit drei Zeichenebenen (Layer)

Arbeitsmethode „Maßeintragung"

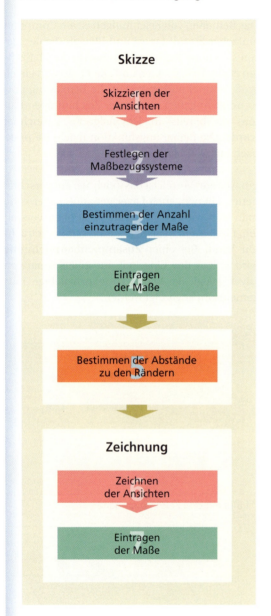

Zu 3:

Anschließend ist zu bestimmen, wie viele Maße einzutragen sind.

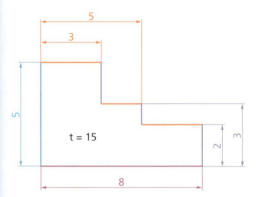

1 Bemaßungsbeispiel

Eine Möglichkeit dazu (Es gibt Ausnahmen!) stellt Abbildung 1 dar. Sie richtet sich nach der Anzahl aller Teilhöhen und Teilbreiten.

Im dargestellten Beispiel gibt es drei Teilhöhen und drei Teilbreiten. Damit müssen insgesamt sechs Maße eingetragen werden, wovon zwei der Maße die Gesamthöhe und die Gesamtbreite sind.

Zu 4:

Es gelten folgende **Grundsätze** der **Maßeintragung**:

– Lege vor der Maßeintragung die waagerechte und senkrechte Maßbezugskante oder -linie fest!
– Trage zuerst alle Höhen- oder alle Breitenmaße ein!
– Beginne bei der Maßeintragung immer mit dem kleinsten Maß!
– Trage immer die Gesamtmaße (als Maße der Hüllfigur) für Höhe und Breite ein!
– Trage Maßzahlen so ein, dass sie immer von unten oder von rechts lesbar sind!
– Trage Maßhilfslinien und Maßlinien stets als schmale Voll-Linien ein!

Zu 1 und 2:

Nach der Darstellung der (notwendigen) Ansichten sollten zunächst jeweils die Maßbezugskante bzw. -linie für die Breiten- und Höhenmaße festgelegt werden.

Im folgenden Arbeitsbeispiel wird das Einzelteil 2 des SOMA-Würfels mit dem Computer gezeichnet und bemaßt. Dabei wird die Bemaßung auf einen separaten **Layer** gelegt.

Arbeitsbeispiel 5: Bemaßen mit dem Computer

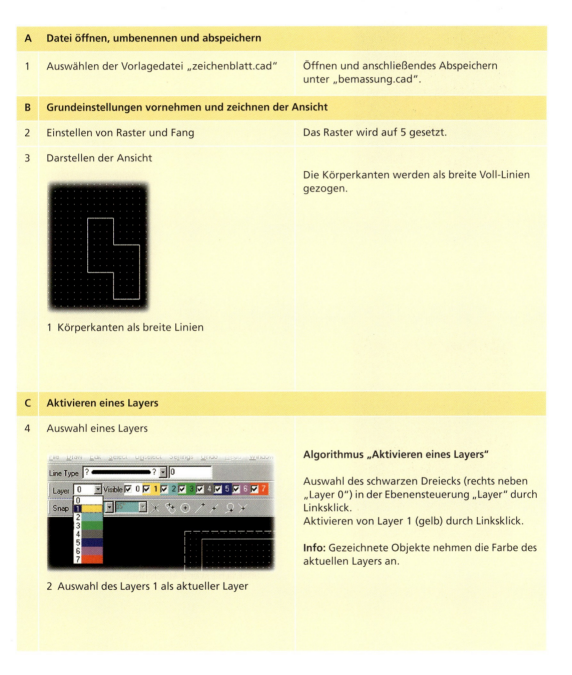

A	**Datei öffnen, umbenennen und abspeichern**	
1	Auswählen der Vorlagedatei „zeichenblatt.cad"	Öffnen und anschließendes Abspeichern unter „bemassung.cad".
B	**Grundeinstellungen vornehmen und zeichnen der Ansicht**	
2	Einstellen von Raster und Fang	Das Raster wird auf 5 gesetzt.
3	Darstellen der Ansicht	Die Körperkanten werden als breite Voll-Linien gezogen.

1 Körperkanten als breite Linien

C	**Aktivieren eines Layers**
4	Auswahl eines Layers

2 Auswahl des Layers 1 als aktueller Layer

Algorithmus „Aktivieren eines Layers"

Auswahl des schwarzen Dreiecks (rechts neben „Layer 0") in der Ebenensteuerung „Layer" durch Linksklick.
Aktivieren von Layer 1 (gelb) durch Linksklick.

Info: Gezeichnete Objekte nehmen die Farbe des aktuellen Layers an.

D	**Bemaßen der Ansicht**

5 Bemaßung der Höhenmaße

Algorithmus „Bemaßung"

Auswahl des Symbols „Dimension Vertical" in der Symbolleiste „Draw Options" durch Linksklick.

Linksklick auf die linke obere Ecke der Ansicht.

Linksklick auf die linke untere Ecke der Ansicht.

Bewegen der Maus, um den Standort der angezeigten Maßhilfs- und Maßlinien sowie die Maßzahl zu erreichen.

Beim Maß 60 ist genauso zu verfahren.

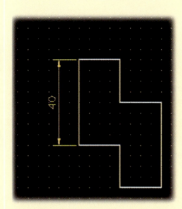

1 Vertikale Bemaßung

6 Bemaßung der Breitenmaße

Die Bemaßung erfolgt nach dem angegebenen Algorithmus („Dimension Horizontal").

Tipp: Bei Bedarf muss die Zeichnung in die Mitte des Zeichenbereiches durch „Move" verschoben werden.

Info: Die Anzeige (gesetzt) bzw. Nichtanzeige (nicht gesetzt) einzelner **Layer** erfolgt über die Sichtbarkeit („Visible"). Dabei dürfen die jeweiligen Layer nicht aktuell sein.

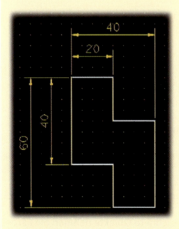

2 komplette Bemaßung

3 Sichtbarkeit der Layer, Layer 0 ist aktiv, daher lässt sich Layer 2 abschalten.

E	**Speichern der Zeichnung**

3.5 Lesen von Zeichnungen

Technische Gegenstände besitzen überwiegend **Teilformen** mit unterschiedlicher Gestalt und Lage. Deshalb gibt es eine Vielzahl weit verbreiteter Form- und Lagebegriffe, die diese Teilformen beschreiben. Solche Lage- und Formbeschreibungen muss man fachgerecht vornehmen können, denn sie bilden die Kommunikationsgrundlage zwischen allen Mitarbeitern.

dreiseitiges Prisma

Quader

Quader mit quadratischer Grundfläche

sechseckiges Prisma

dreiseitiges Prisma

Kreiszylinder

1 Geometrische Formbegriffe (Auswahl)

Grundformen und ihre Bezeichnung

Formbegriffe vermitteln eine Vorstellung vom Aussehen einer Teilform. Sie werden in **geometrische** und **technische** Formbegriffe unterteilt. Die Abbildungen 1 und 2 stellen aus der Mathematik bekannte geometrische und in der Technik häufig vorkommende Formbegriffe dar.

> **M** Beispiele für **geometrische** Formbegriffe sind Prisma, Quader, Würfel und Zylinder und für **technische** Formbegriffe Nut, Bohrung, Langloch, Fase und Durchbruch.

Lagebegriffe

Neben der Angabe einer Form muss auch deren Lage mitgeteilt werden. **Lagebegriffe** wie unten, oben, oben rechts, mittig, diagonal u. a. geben den Ort der Teilform an und sind für das Lesen von Skizzen und Zeichnungen unerlässlich. Die nachfolgende *Kurzbeschreibung des Gegenstandes aus Abbildung 2* soll dies verdeutlichen:
Vor der Bearbeitung hatte der Rohling die Grundform eines Quaders. Oben rechts wurde eine Aus-

klinkung eingearbeitet, unten befindet sich eine schmale Nut, links unten eine Fase und oben links eine Bohrung. Darüber ist das Werkstück abgerundet. Ein rechteckiger Durchbruch ist zwischen Nut und Ausklinkung angeordnet. Darunter befindet sich ein senkrechtes Langloch.

> **M** Form- bzw. Lagebegriffe verdeutlichen das Aussehen oder den Ort einer Teilform.

Größenverhältnisse

Die Beschreibung zur Abbildung 2 hört sich nur scheinbar gut an. Ohne die Angabe von **Größenbegriffen** wie groß, klein, kleiner oder von Maßen kann man sich das Aussehen des beschriebenen Gegenstandes nicht genau vorstellen.

Kegel

Kreisring

Würfel

Enthaltene Maßeintragungen sollten daher beim Zeichnungslesen berücksichtigt werden. Man unterscheidet Lagemaße (wie weit ist die Körperkante der Teilform von einer Körperkante der Grundform entfernt) und Größenmaße (wie groß ist die Teilform in Höhe, Breite, Tiefe).

> **M** Beim Lesen von technischen Zeichnungen werden Lagebegriffe, geometrische sowie technische Formbegriffe und Maßangaben verwendet.

Rundung

Ausklinkung (oder Absatz)

Bohrung

Durchbruch

Langloch

Fase (oder Abschrägung)

Nut

2 Technische Formbegriffe (Auswahl)

Arbeitsmethode
„Lesen von Zeichnungen"

Benennung der Grundform
mit geometrischen und
technischen Formbegriffen

Entscheidung:
Beschreibung nach der
Aufbaumethode oder **Abräummethode**

| Gedankliches **Hinzufügen** von Teilformen | Gedankliches **Entfernen** von Teilformen |

• Benennen der Teilform
• Lage in Bezug auf die Grundform
• Größe der Teilform

• Benennen der Teilform
• Lage in Bezug auf die Grundform
• Größe der Teilform

Das Beispiel des Gegenstandes von Abbildung 2, S. 71 im Abschnitt „Lagebegriffe" wurde nach der **Abräummethode** beschrieben. Bei der **Aufbaumethode** beginnt man ebenfalls mit der Grundform. Anschließend fügt man schrittweise die anderen Teilformen hinzu.

Zeichnungslesen nach der Aufbaumethode am Beispiel des Nagels:
Ein symmetrisch angeordneter Stahlkörper besteht aus einem 92 mm langen zylinderförmigen Stab mit einem Durchmesser von 4 mm. Links schließt sich ein 6 mm langer kegelförmiger Dorn an, rechts eine zylinderförmige Platte mit einem Durchmesser von 8 mm und einer Dicke von 2 mm.

(geometrischer Formbegriff)
(technischer Formbegriff)

Teilformen eines Nagels

Grundform Zylinder

Teilform
kegelförmiger Dorn

Teilform
zylindrische Platte

3.6 Berufliches Selbstkonzept direkt: Fachrichtungen

Wir haben gelernt, dass das Lesen und Anfertigen von technischen Skizzen und Zeichnungen für die Ausübung eines Berufes sehr wichtig sein kann.

In der Praxis mussten viele spezielle Darstellungs- und Zeichennormen aufgestellt werden, weil Produktentwickler und Hersteller ganz unterschiedliche Materialien in unterschiedlichen Formen und Größen verarbeiten.

An den Berufsschulen findet man deshalb häufig ein Unterrichtsfach, das allgemein mit dem Begriff **„Fachzeichnen"** umschrieben wird. Hier erlernen die Auszubildenden die für ihren Beruf geltenden speziellen Normen.

Die dreijährige Berufsausbildung zum Technischen Zeichner / zur Technischen Zeichnerin kann jedoch nicht alle geltenden Normen vermitteln. Deshalb ist die Berufsausbildung anders organisiert, als in vielen anderen Berufen. Im ersten und zweiten Ausbildungsjahr erfolgt für alle Auszubildenden dieses Berufes die berufliche Grund- und Fachausbildung. Im anschließenden dritten Ausbildungsjahr teilen sich die Ausbildungsgruppen neu auf, denn alle Auszubildenden müssen sich für eine der insgesamt fünf **Fachrichtungen** entscheiden. Hier lernen sie hauptsächlich die für ihre Fachrichtung geltenden speziellen Darstellungs- und Zeichennormen kennen und anwenden.

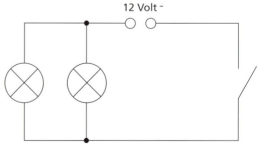

12 Volt ~

1 Schaltplan

M In der Fachrichtung eines Berufes werden nach einer Grundausbildung separates Wissen und Können für ein spezielles berufliches Einsatzfeld vermittelt. Nicht jeder Beruf besitzt Fachrichtungen.

Die **fünf Fachrichtungen,** unter denen Auszubildende eine auswählen müssen, sind:

– **Elektrotechnik:** Hier werden u. a. Montage- und Schaltpläne für Kommunikations- und Elektrogeräte erarbeitet. Die Darstellungen können sehr umfangreich sein. Derartige Zeichnungen erfordern auch elektrotechnisches Fachwissen.

– **Heizungs-, Klima- und Sanitärtechnik:** Die Beschäftigten fertigen u. a. Zeichnungen von Heizungsanlagen und detaillierte Pläne für haustechnische Installationen an. Die Darstellungen erfolgen als Einzelteil- oder Zusammenbauzeichnungen. Die Zeichnungen erfordern auch versorgungstechnisches Fachwissen.

– **Holztechnik:** Sie erstellen Entwurfszeichnungen für Möbel oder Dachkonstruktionen. Oft müssen Fertigungsangaben und Verbindungstechniken eingetragen werden. Unterschiedliche Projektionsarten sind möglich. Die Zeichnungen erfordern auch holztechnisches Fachwissen.

2 Ablauf der Ausbildung

– **Maschinen- und Anlagentechnik:** Auf Grundlage von Vorgaben fertigen sie u. a. Entwürfe oder bereits detaillierte Pläne für Werkzeugmaschinen. Das erfordert metall- und maschinenbautechnisches Fachwissen.

– **Stahl- und Metallbautechnik:** Hier werden u. a. Entwurfszeichnungen für Metallkonstruktionen (z. B. Brücken und Fahrzeugaufbauten) angefertigt. Dazu ist metallbautechnisches Fachwissen nötig.

Das Anfertigen von Bauzeichnungen für Bauwerke aller Art wird nicht durch den Technischen Zeichner / die Technische Zeichnerin ausgeführt. Hier gelten vollkommen andere Zeichen- und Darstellungsnormen, so dass dafür der Beruf des Bauzeichners/der Bauzeichnerin ausgebildet wird. Unterschiedliche Fachrichtungen gibt es in diesem Beruf jedoch nicht.

Europa-Straße

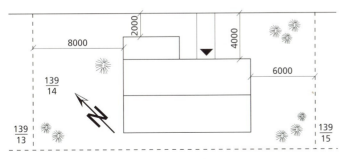

1 Lageplan

Aufgaben

Kapitel 3.2

1. Informiere dich im Internet über Prototypen von Autos bzw. Conceptcars!
Erstelle anschließend in Gruppenarbeit eine Wandzeitung zum Thema „Produktentwicklungen heute – Autos für die Zukunft"!

2. LEONARDO DA VINCI machte eine Reihe von bedeutenden Erfindungen und gehört damit zu den so genannten Universalgenies. Erstelle mithilfe des Internets eine Präsentation über LEONARDOS Erfindungen!

3. Beschreibe den abgebildeten Gegenstand (SOMA-Einzelteil 2) mit eigenen Worten so, dass dein Zuhörer ihn nachbauen könnte!

4. Ergänze das Beispiel „Stecker-Steckdose" um weitere Normteilpaare, die zueinander passen müssen!

5. a) Informiere dich über den wirtschaftlichen Nutzen der Normung im Internet (http://www.normung.din.de/) !
   b) Notiere einige Vorteile der Normung von Teilen!
   c) Begründe die Bedeutung der Normung!
   d) Erarbeite zu deinen gefundenen Informationen ein kurzes Referat!

6. Stelle computergestütztes Zeichnen und Zeichnen per Hand gegenüber! Arbeite dabei Vor- und Nachteile heraus!

7. a) Bestimme die Größe eines DIN-A4-Zeichenblattes durch Ausmessen!

b) Errechne die Größen der Blattformate DIN A3; DIN A2; DIN A1 und DIN A0 (s. Abb. 1, S. 48, „Papierformate nach DIN 476")!

8. Teile ein DIN-A4-Zeichenblatt in Analogie zur Abbildung „Papierformate nach DIN 476" und messe die Breite und Höhe von DIN A5 und DIN A6!

9. Zeichne ein Skizzenblatt mit Rändern und vereinfachtem Schriftfeld nach Abbildung 3 auf S. 49!

10. a) Zeichne ein Skizzenblatt entsprechend der Aufgabenstellung 9 am Computer!
    b) Speichere die Datei unter dem Namen „skizzenblatt.cad" ab!

Kapitel 3.3

11. Zeichne einen Quader mit einem, mit zwei und mit drei Fluchtpunkten. Verwende dazu jeweils ein mit Rand und Schriftfeld versehenes Zeichenblatt!
Orientiere dich an den Abbildungen 3, 4, 5 auf den Seiten 56 und 57 und zeichne deine Quader möglichst groß!

12. Zeichne die Schrägbilder der SOMA-Einzelteile 1 und 3 von der 4. Umschlagseite!

13. Das abgebildete SOMA-Einzelteil 4 besteht aus zwei miteinander verbundenen Quadern (20 mm × 20 mm × 40 mm).
    a) Zeichne das Einzelteil des SOMA-Würfels unter der Verwendung von Abbildung b) auf S. 75 als Schrägbild im Maßstab M 2:1!
    b) Skizziere das Einzelteil als Schrägbild so, dass die rechte Seite der Abbildung Vorderseite ist!

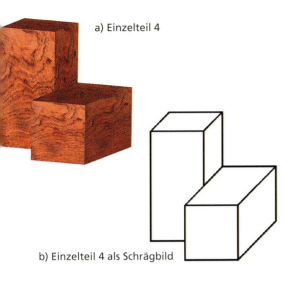

a) Einzelteil 4

b) Einzelteil 4 als Schrägbild

14. Skizziere einen liegenden Zylinder mit einer unverzerrten Kreisform als Schrägbild (Radius 30 mm und Länge 120 mm)!

15. Das abgebildete SOMA-Einzelteil 2 kann man sich aus zwei miteinander verbundenen Quadern (20 mm × 20 mm × 40 mm) vorstellen.
    a) Erstelle die Abwicklung eines Quaders mit Klebefalzen!
    b) Färbe die vorn, hinten, links, rechts, oben und unten liegenden Flächen jeweils andersfarbig!
    c) Schneide aus und klebe zusammen!

Schrägbilder des SOMA-Teils 2 mit verschieden gewählter Hauptansicht

16. Das abgebildete SOMA-Einzelteil 7 kann man sich aus zwei Würfeln (20 mm × 20 mm × 20 mm) und einem Quader (20 mm × 20 mm × 40 mm) zusammengesetzt vorstellen.
    a) Zeichne das abgebildete Teil des SOMA-Würfels nach Abbildung b) als Schrägbild!
    b) Skizziere eine rechtwinklige Parallelprojektion mit allen sechs Ansichten (Skizzenblatt quer legen)!

a) Einzelteil 7

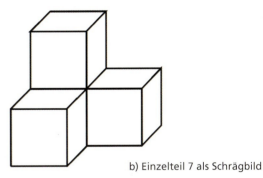

b) Einzelteil 7 als Schrägbild

Kapitel 3.4

17. a) Skizziere ein Rechteck und bemaße die Breite unter Verwendung der vier Elemente der Maßeintragung!
    b) Fasse in einer Tabelle die Elemente der Maßeintragung und die dazu wichtigsten Festlegungen beim Eintragen zusammen!

18. a) Skizziere 15 waagerechte schmale Voll-Linien mit Längen zwischen 1 bis 15 cm!
    b) Trage Maßpfeile und Maßzahlen ein!

19. Die abgebildeten SOMA-Einzelteile sind aus vier bzw. drei Würfeln mit Kantenlänge 20 mm zusammengesetzt.

    a) Skizziere die abgebildeten SOMA-Einzelteile 1 und 5 in zwei Ansichten auf jeweils einem weißen Skizzenblatt!

    b) Nimm die Maßeintragung vor!

    c) Zeichne eines der beiden SOMA-Einzelteile im Maßstab M 2 : 1 in zwei Ansichten mit Maßeintragung!

    d) Zeichne und bemaße mit dem CAD-System!

20. Die Abbildung 1 auf S. 67 zeigt die SOMA-Einzelteile 2 und 3.

    a) Zeichne die in der Abbildung dargestellten beiden Ansichten und bemaße sie!

    b) Skizziere von beiden Einzelteilen die Ansicht von links als Schrägbild!
    Die Gegenstandsbreite beträgt 20 mm.

21. Die Grundform der abgebildeten Stufe ist 12 cm breit und 8 cm hoch. Einzutragende Maße sollen sich auf die untere und die rechte untere Körperkante beziehen.

    a) Fertige eine Skizze an und trage die Maße ein!

    b) Fertige eine Zeichnung der Skizze an!

    c) Fertige eine Zeichnung mit dem CAD - System so an, dass die Bemaßung einen eigenen Layer erhält!
    Drucke die Zeichnung aus!

    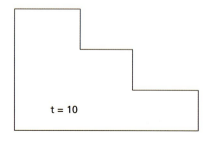

    t = 10

22. Welche Vorteile bietet die Bemaßung mit dem Computer im Vergleich zur konventionellen Bemaßung?

Kapitel 3.5

23. a) Beschreibe die Gestalt einer Reißzwecke unter Verwendung von Lage- und Formbegriffen!

    b) Stelle die Reißzwecke als Skizze vergrößert in zwei Ansichten dar!

24. Erkläre die Begriffe Abräum- und Aufbaumethode mit eigenen Worten!

25. Beschreibe das SOMA-Einzelteil 3 von der 4. Umschlagseite nach der Abräum- oder Aufbaumethode!

26. Zeichne die Hauptansicht des im Text auf S. 72 beschriebenen Nagels im Vergrößerungsmaßstab 2 : 1! Lege das Zeichenblatt dazu quer!

Kapitel 3.6

27. Begründe an einem Beispiel die Notwendigkeit von Fachrichtungen für einige Berufe!

28. Ergründe die Fachrichtungen eines Tiefbaufacharbeiter bzw. einer Tiefbaufacharbeiterin mithilfe der Internetseite des Arbeitsamtes www.arbeitsamt.de! Notiere deine Ergebnisse!

29. a) Suche auf den Internetseiten des Arbeitsamtes Informationen über den Beruf des Technischen Zeichners/der Technischen Zeichnerin!

    b) Erstelle aus den Materialien eine Präsentation!

Das Wichtigste im Überblick

Zeichengeräte

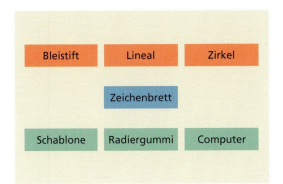

Bleistift	Lineal	Zirkel
	Zeichenbrett	
Schablone	Radiergummi	Computer

Grundsätze der Maßeintragung

Maßbezugssystem zuerst festlegen

Höhenmaße nacheinander eintragen	Breitenmaße nacheinander eintragen
Beginne mit dem kleinsten Maß	Gesamtmaße immer eintragen
Maßzahlen sind von unten und rechts lesbar	Maßhilfslinien und Maßlinien sind schmal

Projektionen

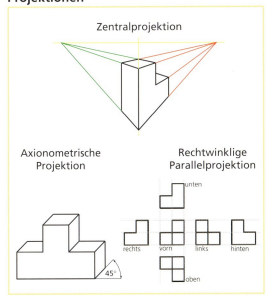

Zentralprojektion

Axionometrische Projektion

Rechtwinklige Parallelprojektion

unten

rechts vorn links hinten

oben

45°

Elemente der Maßeintragung

Maßpfeil   Maßhilfslinie

30

Maßzahl   Maßlinie

Maßbezugssysteme

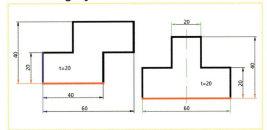

40 20 t=20 40 60

20 40 t=20 40 20 60

Begriffe beim Zeichnungslesen (Auswahl)			
Geometrische Formbegriffe	Technische Formbegriffe	Lagebegriffe	Größenbegriffe
Zyliner	Rundung	mittig	klein
Kegel	Nut	oben rechts	groß
Quader	Abschrägung	diagonal	größer
Kreisring	Absatz	darüber	sehr groß
Prisma	Durchbruch	unten links	gleich groß

Häufige Zeichenfehler

a) Maßhilfslinie hat keinen Überstand (ca. 2 mm)
b) Maßzahl steht nicht in der Mitte der Maßlinie
c) Pfeile schmal und spitz, alle Pfeile sind gleich
d) unsauber radiert (verschmiert)
e) Maßzahl ist nicht von rechts lesbar und steht über der Maßlinie
f) Körperkanten sind breite Voll-Linien, die Länge 40 stimmt nicht,
   es wurden 44 mm gezeichnet

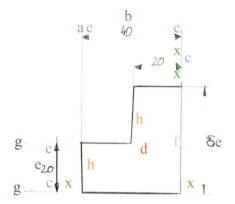

g) Maßhilfslinien zu lang
h) der Winkel stimmt nicht
i) keine Normschrift, auch im Schriftfeld Eintragungen mit Bleistift
   vornehmen
k) „Versuch" der Normschrift
x) Abstände gleich

Werkstoff Holz	i gezeichnet geprüft	Datum	Name	
M 1:1		Teil 5 k		

Produktplanung

Industriekaufmann/frau

Voraussetzungen sind:

– mathematisches und logisches Denken,
– Sprachbeherrschung,
– Kontaktfähigkeit,
– gute Leistungen in Mathematik, Deutsch, AWT, Eng-
  lisch und Informatik.

Was?

Industriekaufmänner/frauen
berechnen Kosten und fertigen Statistiken an.
Außerdem können
sie Rohstoffe und
Arbeitsmittel ein-
kaufen, ordnen
und verwalten.
Mit Geschäfts-
partnern wird ver-
handelt und für
verschiedene Pro-
dukte geworben.

Womit?

Für Berechnungen
werden Computer verwendet, die auf verschiedene Datenbanken zugreifen. Weitere Arbeitsmittel sind Kataloge, Broschüren und Produkt-
muster. Sie haben intensive Kontakte zu
Handelspartnern.

Wo?

Gearbeitet wird meist in größeren Betrieben in
der Buchhaltung, Kostenrechnung oder im Rech-
nungs- und Mahnwesen. Die Kontakte zu Handelspartnern können auch mit Dienstreisen verbunden sein.

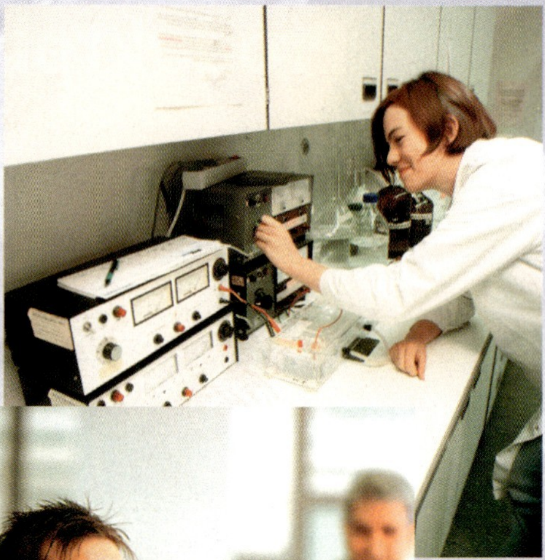

Landwirtschaftlich-technische(r) Assistent/in

Voraussetzungen sind:

– logisches Denken und Gewissenhaftigkeit,
– Hand- und Fingergeschick,
    – Teamfähigkeit,
    – räumliches Vorstel-
      lungsvermögen,
    – gute Leistungen in
      Biologie, Chemie,
      Physik, Mathematik
      und Deutsch.

Was?

Landwirtschaftlich-tech-
nische Assistenten/innen
unterstützen die Wissen-
schaftler in den Untersu-
chungs- und Forschungs-
anstalten. Dabei werden Untersuchungen u. a. an Pflanzen und
Tieren durchgeführt oder Testreihen
entwickelt.

Womit?

Sie haben vor allem mit Lebewesen
und Laborgeräten zu tun. Zur Auswertung von Daten müssen Computersysteme
beherrscht werden. Sie arbeiten oft im Team.

Wo?

Landwirtschaftlich-technische Assistenten/innen
arbeiten in Untersuchungs- und Forschungsan-
stalten der Land-, Forst- und Milchwirtschaft
oder des Gartenbaus und in der Nahrungsmittel-
industrie. Spezialisierungen sind z. B. im Pflan-
zenschutz, der Umweltanalytik, der Biotechnologie, der Backwarentechnologie und der Fleisch-
wirtschaft möglich.

4.1 Auswählen der Werk- und Hilfsstoffe

Im vorangegangenen Kapitel wurden das Aussehen und die Maße der sieben SOMA-Einzelteile festgelegt. Von jedem Einzelteil liegen entsprechende technische Zeichnungen vor, die als Grundlage für deren Herstellung genutzt werden können.

In der nächsten Phase, der Produktplanung, erfolgt die Auswahl der zu verwendenden Werkstoffe und das Aufstellen eines Arbeitsablaufplanes. Anschließend muss eine Preisberechnung durchgeführt werden, damit man erkennen kann, ob sich das zu fertigende Produkt zu einem akzeptablen Preis herstellen und verkaufen lässt.

Werkstoffe

Um die optimale Auswahl zu treffen, sind genauere Kenntnisse aus der Werkstoffkunde notwendig.

Ein Entscheidungskriterium bilden die **Werkstoffeigenschaften.** Für den SOMA-Würfel brauchen wir glatte Oberflächen, die sich gut anfühlen, einen formbeständigen Werkstoff und Teile mit einer hohen Passgenauigkeit. Werkstoffe, wie Papier und Wolle, sind daher ungeeignet.

Wichtig sind auch die Bearbeitbarkeit und die anfallenden Beschaffungskosten des Werkstoffes. Je fester und härter ein Werkstoff ist, desto schwieri-

ger lässt er sich bearbeiten; längere Bearbeitungszeiten und der Einsatz teurer Maschinen können die Folge sein. Werkstoffe, wie Glas und Keramik, sind für unser Vorhaben somit ungeeignet.

Die Kosten der Werkstoffe sollten möglichst gering sein, denn wir verfügen bisher über keine Einnahmen. Seltene Tropenhölzer oder Gold sind deshalb ebenfalls nicht geeignet.

> **M** Bei der Werkstoffauswahl sind vor allem deren Eigenschaften, deren Bearbeitbarkeit und die Beschaffungskosten zu berücksichtigen.

In der Werkstoffkunde können Werkstoffe in **metallische** und **nicht metallische Werkstoffe** eingeteilt werden. Als dritte Werkstoffart kommen die **Verbundstoffe** hinzu. Von Verbundstoffen spricht man, wenn gleich- oder verschiedenartige Werkstoffe miteinander kombiniert werden, so dass neue Werkstoffeigenschaften entstehen.

Werkstoffarten		
Metalle	**Nichtmetalle**	**Verbundstoffe**
Kupfer	Kunststoff	Stahlbeton
Aluminium	Glas	Sperrholz
Stahl	Holz	Faserplatte
Messing	Leder	Faserzement

Das gemeinsame Merkmal aller drei Werkstoffarten ist, dass aus ihnen durch Bearbeitung Gegenstände mit bestimmten Produkteigenschaften hergestellt werden können. Dazu benötigt man oft weitere Stoffe, die als Hilfs- und Betriebsstoffe bezeichnet werden.

> **M** Werkstoffe sind alle die festen Stoffe, die durch Bearbeitung zu Gegenständen mit bestimmten Eigenschaften geformt werden.

Die für den Unterricht in der Schule bedeutsamen Werkstoffe sind Metall, Holz, Kunststoff, Ton, Gips, Textilwerkstoffe und Holzverbundwerkstoffe. Für die Herstellung des SOMA-Würfels sind Ton, Gips und alle Textilwerkstoffe aufgrund ihrer Eigenschaften nicht geeignet.

1 Gegenstände mit glatter Oberfläche

Werkstoff Metall

Metalle gehören aufgrund ihrer typischen Eigenschaften zu den wichtigsten Werkstoffen. Die in der nachfolgenden Tabelle angegebenen Werkstoffeigenschaften sind jedoch nicht für jedes Metall maßgeblich.

Eigenschaften der Metalle (Auswahl)	
Eigenschaft	Produktbeispiel
wärmeleitfähig	Heizkörper, Bügeleisenplatte
elektrische Leitfähigkeit	Verbindungsleitungen, Glühlampenwendel
formbar	Blechdose, Karosserie
fest und hart	Spiralbohrer, Eisenbahnschiene
glänzend	Schmuckstücke
leicht	Flugzeugaußenhaut
elastisch	Metallfedern
glatt	Bügeleisenplatte, Löffel
beständig	Besteck, Kupferdachrinne

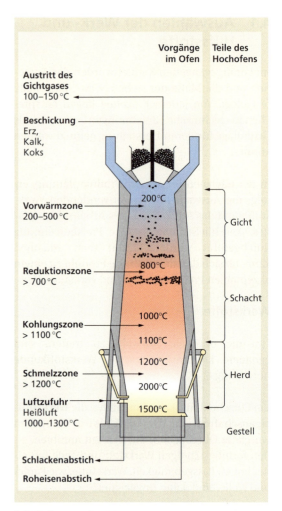

1 Roheisengewinnung

Metalle bilden eine eigene Werkstoffart. Sie entstammen der nicht lebenden Natur und bestehen aus chemischen Elementen. Das Element Eisen kommt dabei mit 5,6 % in der Erdkruste am häufigsten vor.

Metalle findet man in großen erzhaltigen Lagerstätten. Selten zu finden sind Metalle in chemisch reiner Form (z. B. Gold, Platin, Mangan).

M Erze sind chemische Verbindungen von Metallen mit anderen Stoffen.

Die Erze werden in Tagebauen und Schächten abgebaut und anschließend zu metallurgischen Anlagen transportiert. Dort wird das in den Erzen enthaltene Metall unter Zugabe von sehr viel Energie so lange erwärmt, bis die Schmelztemperatur des Metalls erreicht ist.

Die so gewonnene Metallschmelze gießt man anschließend in Formen und erhält dadurch einen Metallblock, der weiter bearbeitet wird.

Heute werden Metalle sehr oft gemischt, damit sich deren Eigenschaften im Vergleich zum reinen Metall verbessern. Diese Stoffgemische werden **Legierungen** genannt. Die bekanntesten sind Messing (Kupfer und Zink), Bronze (Kupfer und Zinn) und Stahl (Eisen, Kohlenstoff und seltene Metalle, wie Chrom und Nickel).

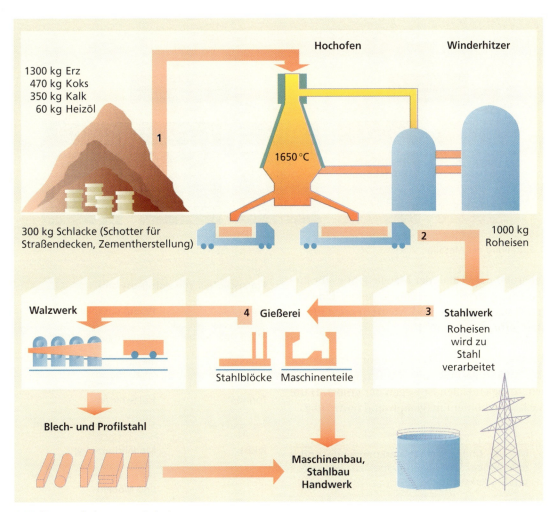

1300 kg Erz
470 kg Koks
350 kg Kalk
60 kg Heizöl

Hochofen

Winderhitzer

1

1650 °C

300 kg Schlacke (Schotter für
Straßendecken, Zementherstellung)

1000 kg
Roheisen

2

Walzwerk

4 **Gießerei**

3 **Stahlwerk**

Roheisen
wird zu
Stahl
verarbeitet

Stahlblöcke Maschinenteile

Blech- und Profilstahl

Maschinenbau,
Stahlbau
Handwerk

1 Weiterverarbeitung von Roheisen

> **M** Legierungen sind Stoffgemische aus mehreren Metallen bzw. aus Metallen mit anderen chemischen Elementen.

Altmetalle sollten immer wiederverwertet werden, da die zur Verfügung stehende Menge an metallischen Werkstoffen weltweit begrenzt ist. Blechdosen, alte Fahrräder, Kühlschränke oder Maschinen können für Schrottsammlungen gelagert und dann abgegeben werden. Damit entlasten wir unsere Umwelt; die Vorräte an metallischen Werkstoffen und die Energieressourcen bleiben uns eine längere Zeit erhalten.

2 Privates Altmetall-Lager für die Schrottsammlung

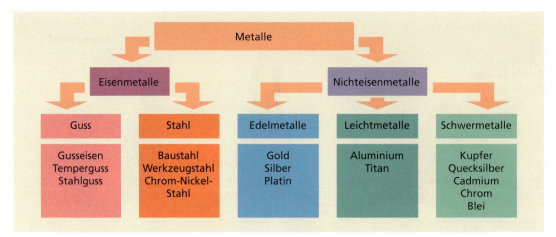

1 Einteilung der Metalle

Aufgrund der Vielfalt der Metalle gibt es für ihre Einteilung verschiedene Möglichkeiten. Eine Unterteilung in **Eisen- und Nichteisenmetalle** ist weit verbreitet.

Die Bearbeitung von Metallen erfordert oft spezielle Werkzeuge und spezielle Fertigungsverfahren. In vielen Fällen ist wegen der großen Härte auch ein erhöhter Energieaufwand notwendig.

M Metalle sind begrenzt vorkommende und mit hohem Energieaufwand zu bearbeitende Werkstoffe.

Zu einigen typischen Fertigungsverfahren kannst du im Abschnitt 5.2, „So machen es die Betriebe", mehr erfahren.

Werkstoff Holz

Holz zählt zu den ältesten Werkstoffen der Menschheitsgeschichte. Es besitzt eine Vielzahl typischer Eigenschaften und wird deshalb vielseitig verwendet.

Eine unerwünschte Eigenschaft des Holzes ist die Fähigkeit, Wasser aufzunehmen (**Quellen**) oder abzugeben (**Schwinden**). Dadurch kommt es zu **Verwerfungen,** so dass z. B. Platten nicht mehr eben aufliegen oder Balken Risse bekommen.

Eigenschaften von Holz (Auswahl)	
Eigenschaft	**Produktbeispiel**
leicht bearbeitbar	Schnitzfiguren, Möbel
schlecht wärmeleitend	Treppenhandlauf, Spielzeug
formbar	Holzschlitten
fest und hart	Sitzmöbel, Treppenstufen
leicht	Modellflugzeuge
dekorativ	Holzmaserung in Paneelen und Möbeln
stabil	Dachstuhl

Diese Vorgänge können durch vorbeugende Maßnahmen, wie Anstreichen, verhindert oder zumindest eingeschränkt werden.

Holz ist ein nachwachsender Werkstoff und kommt als Baum und Strauch vor. Es ist immer mit dem Lebensraum Wald verbunden. Dieser sorgt durch die Sauerstoffproduktion und die Reinigung der Luft von Staub, Ruß und Gasen für ein gesundes Klima.

M Holz ist ein nachwachsender, preiswerter und leicht zu bearbeitender Werkstoff.

1 Balken mit Rissen

3 Waldaufforstung

Die Wurzeln der Bäume festigen das Erdreich, damit es durch Sturm und Wasser nicht abgetragen wird. Gleichzeitig dienen sie zur Wasserspeicherung im Boden. Bäume und Sträucher stellen auch einen wichtigen Lebensraum für Tiere und Pflanzen dar.

Die industrielle Entwicklung der letzten 40 Jahre erhöhte besonders den Ausstoß giftiger Gase und Stoffe (Kohlendioxid, Schwefel und Kohlenmonooxid). Diese **Luftverschmutzung** schädigte und schädigt den Lebensraum Wald schwer.

Gleichzeitig stieg der Holzverbrauch sehr stark an. In den **Tropenwäldern** der Welt werden täglich große Flächen abgeholzt und nur teilweise wieder aufgeforstet. Ein Baum benötigt jedoch eine Wachstumszeit von mindestens 70

bis 80 Jahren, um seine Schlagreife zu erlangen. Ein Mensch wird durchschnittlich genauso alt!

Deshalb sind Waldpflege, **Wiederaufforstung,** der sparsame Umgang mit Holz und Maßnahmen zur Senkung des Kohlendioxid- und Schwefelausstoßes wichtige gesellschaftliche Anliegen. Gerade für Mecklenburg-Vorpommern als waldreiches Urlaubsland sind diese Maßnahmen von besonderer Bedeutung.

Nachdem der Baum gefällt wurde, beginnt seine vollständige Nutzung. Im **Sägewerk** fertigt man aus den Stämmen Schnittholz, wie Kanthölzer, Bohlen, Bretter und Leisten verschiedenster Abmessungen. Äste und Schnittabfälle werden zu Holzwerkstoffen verarbeitet.

Nur ein Baum . . .

Diese etwa 115 Jahre alte Buche sollten Sie sich etwa 20 m hoch und mit etwa 12 m Kronendurchmesser vorstellen. Mit ihren 600.000 Blättern verzehnfacht sie die 120 m^2, die die Krone überdeckt, auf etwa 1.200 m^2 Blattfläche. Durch die Lufträume des Schwammgewebes entsteht eine Zelloberfläche für den Gasaustausch von etwa 15.000 m^2, also zwei Fußballfelder! 9.400 Liter = 18 kg Kohlendioxid verarbeitet dieser Baum an einem Sonnentag. Das ist der durchschnittliche Kohlendioxidabfall von zwei Einfamilienhäusern. Bei einem Gehalt von 0,03 % Kohlendioxid in der Luft müssen etwa 36.000 m^3 Luft durch diese Blätter strömen mitsamt den enthaltenen Bakterien, Pilzsporen, Staub und anderen schädlichen Stoffen, die dabei großenteils im Blatt hängenbleiben. Gleichzeitig wird die Luft angefeuchtet, denn etwa 400 Liter Wasser verbraucht und verdunstet der Baum am selben Tag in der Vegetationszeit. Die 13 kg Sauerstoff, die dabei vom Baum durch Photosynthese als Abfallprodukt gebildet werden, decken den Bedarf von etwa 10 Menschen. Für sich produziert der Baum an diesem Tag 12 kg Zucker, aus dem er alle seine organischen Stoffe aufbaut. Einen Teil speichert er als Stärke, aus einem anderen baut er sein neues Holz. Wenn nun der Baum gefällt wird zur bequemeren Bearbeitung des Ackers, auf Antrag des Automobilclubs, weil der Baum zu viel Schatten macht oder gerade dort ein Geräteschuppen aufgestellt werden soll, so müsste man etwa 2.000 junge Bäume mit einem Kronenvolumen von 1 m^3 pflanzen, wollte man ihn vollwertig ersetzen. Die Kosten dafür dürften etwa 125.000 EURO betragen.

2 Ein Baum hat viele Funktionen.

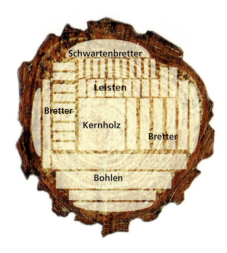

1 Schnittholz eines Baumstammes

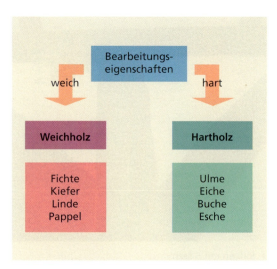

3 Holzarten

Anschließend wird das **Schnittholz** in Stapeln so gelagert, dass der natürliche Wassergehalt von mehr als der Hälfte des Gesamtgewichtes auf ein Zehntel und darunter sinkt. Nach dem Trocknungsprozess erfolgt der Verkauf oder die Veredlung durch Säge-, Fräs- und Hobelarbeiten zu Profilbrettern, -leisten und -stäben.

Die Trocknung des Holzes ist notwendig, um spätere **Verwerfungen** und Schimmelbildung zu verhindern.

2 Profilleisten und -stäbe (Auswahl)

Eine andere Möglichkeit der Holznutzung ist das Fertigen von Furnieren. Dies sind sehr dünne Holzblätter, die durch Schälen eines Holzstammes entstehen. Vor allem für Möbel und Türen werden sie benötigt, wenn diese nicht aus massivem Holz bestehen oder ein anderes Aussehen erhalten sollen.

Die Vielzahl der Hölzer mit unterschiedlichen Eigenschaften können nach verschiedenen Kriterien eingeteilt werden.

Am gebräuchlichsten ist die Einteilung nach den Bearbeitungseigenschaften. Andere Kriterien sind z. B. die Blattbildung (Blätter, Nadeln) oder der Standort (heimisch oder tropisch).

Holzwerkstoffe

Holzwerkstoffe sind künstlich hergestellte Werkstoffe aus natürlichem Holz oder Holzbestandteilen unter Zugabe von Leimen und weiteren Zuschlagstoffen. Oft entstehen dabei große Platten, die biege- und druckfester sind und sich weniger verwerfen als massives Holz.

Beispiele für solche **Holzwerkstoffe** sind Sperrholz, Tischlerplatten, Leimholzplatten, Holzspanplatten, Holzfaserplatten sowie Wand- und Deckenpaneele. Ihr Einsatzgebiet sind vor allem großflächige Gegenstände wie Möbelwände, Fensterbänke, Tischplatten und Türen.

4 Winkelleiste aus Holzfaserplatte, foliert

Kunststoff

Kunststoffe sind Werkstoffe, die nicht in der Natur vorkommen. Seit mehr als 150 Jahren ersetzen sie zunehmend natürliche Werkstoffe, da sie produktbezogen bessere Eigenschaften besitzen können und preisgünstiger herzustellen sind.

Entwicklung der Kunststoffe	
Erst-herstellung	**Kunststoff**
1844	Linoleum
1869	Celluloid
1907/09	Bakelit (Phenol-Formaldehydharz)
1912/30	Polyvenylchlorid (PVC)
1928	Plexiglas (Polymethylmethacrylat)
1939	Polystyrol
1938	Nylon
1939	Perlon

Heute sind Kunststoffe in sehr vielen Produkten zu finden. Es gibt ungefähr 50 **Kunststoffarten,** die durch Zugabe von Zusatzstoffen (z. B. Weichmacher und Stabilisatoren) in unzähligen Varianten mit unterschiedlichen Eigenschaften hergestellt werden können.

1 Gießkanne aus Kunststoff

Eigenschaften von Kunststoffen (Auswahl)	
Eigenschaft	**Produktbeispiel**
leicht bearbeitbar	Abschlussleisten, Kunststoffplatten
schlecht wärmeleitend	Fensterrahmen, Spielzeug
formbar	Folie, Schminkkoffer
fest und hart	Sitzmöbel, Gehäuse
leicht	Schaumstoffprodukte
glatt	Griffe, Möbeloberflächen
nicht leitend	Leitungsisolation
nicht verrottbar	Gartengießkanne

Als eigenständige Werk- und Rohstoffe werden sie u. a. im Maschinenbau, in der Luft- und Raumfahrt, der Elektrotechnik und Elektronik und natürlich auch zur Herstellung von Haushaltsgeräten verwendet. Eine weitere wichtige Eigenschaft des Kunststoffes ist, dass er einfärbbar ist. Aber auch durchsichtig kann er sein, wie es jeder von den **PET-Getränkeflaschen** her kennt.

Kunststoffe bestehen vorwiegend aus den Elementen Kohlenstoff, Wasserstoff, Stickstoff, Schwefel und Chlor. Sie werden durch chemische Verfahren aus Bestandteilen des Erdöls gewonnen. Für die Herstellung der Kunststoffe benötigt man weltweit ungefähr den zwanzigsten Teil der gesamten Erdölförderung.

M Kunststoffe sind leicht zu formende künstliche Werkstoffe.

Nach der Gewinnung der Grundstoffe aus dem Erdöl werden aus diesen anschließend Granulat, Pulver, Pasten und flüssige Harze hergestellt. Diese als Formmassen bezeichneten Ausgangsstoffe verarbeitet man durch spezielle Fertigungsverfahren (z. B. Spritzgießen und Laminieren) zu Endprodukten.

1 Thermoplast

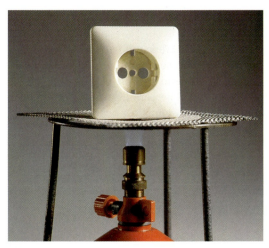

3 Duroplast

Kunststoffe können in **Thermoplaste, Duroplaste** und **Elastomere** eingeteilt werden. Sie besitzen jeweils typische Eigenschaften.
Das Entsorgen des Kunststoffmülls ist ein großes wirtschaftliches Problem. Ein Großteil der Kunststoffe verrottet nicht oder nur sehr langsam. Forscher errechneten einen Zeitraum von etwa 10 000 Jahren. Somit sollten sie nicht auf Deponien entsorgt und gelagert werden. Mit komplizierten technischen Verfahren können Kunststoffabfälle einer **Wiederverwendung** zugeführt werden.

Typische Eigenschaften:

Thermoplaste	Duroplaste	Elastomere
bruchsicher	nicht bruchsicher	elastisch
hitze-empfindlich	hitze-unempfindlich	hitze-unbeständig
durch starkes Erhitzen verformbar	nicht verformbar	verformbar

2 Elastomer

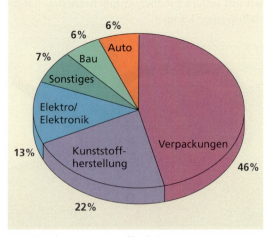

4 Herkunft der Kunststoffabfälle

Kunststoff-Pyrolyse

Ein Verfahren zum Wiederverwenden von Kunststoffabfällen ist die Kunststoff-Pyrolyse. In einem Wirbelschichtreaktor wird der Kunststoffmüll bei Temperaturen zwischen 400 °C bis 800 °C in seine gasförmigen Grundbestandteile zerlegt. Dieser Vorgang benötigt keine Sauerstoffzufuhr, so dass es zu keiner Verbrennung des Kunststoffmülls kommt. Deshalb entstehen keine giftigen Abgase, unsere Umwelt wird entlastet.

Anschließend wird das gewonnene Pyrolysegas abgekühlt, wobei Benzine, Öle und Teerprodukte abgesondert werden. Das dabei entstehende

Pyrolyseöl besitzt als Rohstoff für die chemische Industrie eine große Bedeutung.

Die Restbestandteile des Pyrolysegases werden verbrannt, die dadurch gewonnene Wärmeenergie zum Erhitzen der Kunststoffabfälle genutzt. Es entsteht ein in sich geschlossener energetischer Kreislauf, der nach einer einmaligen Energiezufuhr keine weitere Energie von außen benötigt.

Bei einem Dauerbetrieb kann es sogar möglich sein, dass zu viel Wärmeenergie vorhanden ist. Mit dieser überschüssigen Wärme kann man beispielsweise nahe gelegene Gebäude beheizen.

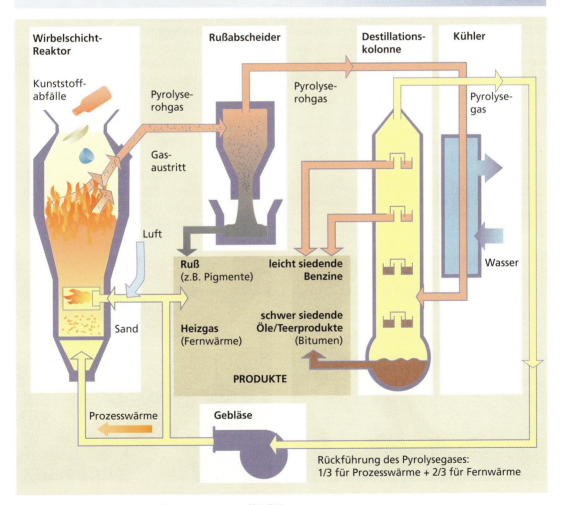

1 Wirbelschicht-Pyrolyse-Recycling von Kunststoffabfällen

Werkstoffentscheidung für den SOMA-Würfel

Die Produktidee „SOMA-Würfel" begeistert durch seine Vielfältigkeit. Nutzer und Produzent stellen unterschiedliche Anforderungen an den Würfel, aber auch an den zu verwendenden Werkstoff.

Der Nutzer möchte ein Spielzeug, das man in die Hand nimmt und zusammensetzt. Es soll Spaß machen, ihn zu benutzen. Außerdem sollte der Würfel auch gut aussehen.

Aus Sicht des Produzenten muss der Werkstoff des Würfels solche Eigenschaften besitzen, dass er in der Schule mit einfachen Werkzeugen und Maschinen schnell und in guter Qualität herstellbar ist. Die Beschaffungskosten sollten für den Werkstoff und die Hilfsstoffe gering sein, damit der Verkauf erfolgreich wird.

Die Entscheidung für einen bestimmten Werkstoff ist auch immer von den geforderten und gewünschten Produkteigenschaften abhängig.

M Bei der Werkstoffauswahl müssen Produkt- und Werkstoffeigenschaften miteinander verglichen werden.

Folgende **Produkteigenschaften** sind für den SOMA-Würfel wünschenswert:

– leichtes Gewicht,
– glatte Oberfläche,
– angenehmes Gefühl beim Spielen,
– farblich kreatives Äußeres,
– geringe Verletzungsgefahr,
– einfache Aufbewahrungsmöglichkeit,
– einfache Herstellbarkeit,
– gute Passgenauigkeit,
– niedriger Beschaffungspreis der Werk- und Hilfsstoffe,
– problemlose Entsorgung.

Vergleicht man die genannten Produkteigenschaften mit den Eigenschaften der in der Schule meist verwendeten Werkstoffe Metall, Holz, Kunststoff, Ton, Gips und Textilien, so entspricht der Werkstoff Holz den gewünschten Produkteigenschaften am besten.

Nun muss nur noch die Holzart bestimmt werden (siehe auch S. 86).

Da **Hartholz** schwieriger zu bearbeiten ist und auch einen höheren Beschaffungspreis hat, entscheiden wir uns für **Weichholz**. Als Weichholzart sollte Fichten- oder Kiefernholz bevorzugt werden,

1 Mögliche Arbeitsmittel bei Verwendung des Werkstoffes Holz

2 Aus im Forst lagernden Holzstämmen werden Leisten und Profile hergestellt.

da hiermit ausreichende Erfahrungen im Werkunterricht gesammelt wurden. Die deutliche Holzmaserung kann den ästhetischen Wert des Würfels bei entsprechender Gestaltung zusätzlich erhöhen. Außerdem handelt es sich um einheimische Holzarten, bei denen eine Wiederaufforstung gewährleistet ist.

Als alleiniger Werkstoff wird **Weichholz** für die Herstellung des SOMA-Würfels verwendet. Aufgrund der gegebenen Form des SOMA-Grundelementes (20 mm × 20 mm × 20 mm) sollten Quadratleisten 20 mm × 20 mm aus Kiefern- oder Fichtenholz beschafft werden.

Hilfsstoffe

Nachdem der zu verwendende Werkstoff ausgewählt wurde, ist nun zu prüfen, ob und welche Hilfsstoffe notwendig sind, um alle geforderten Produkteigenschaften zu erreichen. Hilfsstoffe unterstützen dabei Fertigungsprozesse oder verbessern Werkstoffeigenschaften. Sie gehen nur zu unwesentlichen Anteilen in das Endprodukt ein.

M Hilfsstoffe helfen bei der Anpassung der Werkstoffeigenschaften an die gewünschten Produkteigenschaften.

Der ausgewählte Werkstoff Weichholz besitzt neben seinen Vorzügen auch eine Reihe von Nachteilen. Diese müssen wir durch den Einsatz von Hilfsstoffen kompensieren.

Dazu zählen vor allem die Herstellung zusammengesetzter Formen der SOMA-Einzelteile und die Verschmutzungsgefahr des Weichholzes, da dessen Poren Staub und Schmutz leicht aufnehmen können.

Klebstoffe

Der SOMA-Würfel besteht aus sieben Einzelteilen. Da deren Fertigung aus einem Stück Weichholz sehr aufwändig ist, hatten wir Quadratleisten für die Beschaffung empfohlen. Diese können auf die Längen 20 mm, 40 mm oder 60 mm zugesägt und

zu den erforderlichen SOMA-Einzelteilen unlösbar verbunden werden. Dies sollte durch Kleben erfolgen, so dass die Auswahl eines entsprechenden Klebstoffes erforderlich ist.

Ausgewählte Klebstoffe		
Klebstoff	**Eigenschaften**	**Verwendung**
Holzleim	– schnell bindend – wasserlöslich oder wasserfest	Holz, Pappe, Papier
Sekunden-kleber	– kurzzeitige Abbindezeit – gefährlich bei Haut- und Augenkontakt	Holz, Glas, Leder, Kunststoff, Metall
Kunst-stoff-kleber	– enthalten Lösemittel – gesundheits-gefährlich	Kunststoff
Universal-klebstoff	– kann Lösemittel enthalten – keine optimale Abstimmung auf einen Werkstoff	Metall, Holz, Papier, Pappe, Kunststoff, Keramik, Steine

Klebstoffe können in fester, pastöser und flüssiger Form vorliegen und werden in verschiedenen Verpackungen bis zum Verbrauch aufbewahrt. Für das unlösbare Verbinden der zugesägten Leistenabschnitte verwenden wir **Holzleim.**

1 Verschiedene Klebstoffverpackungen

Geschichte der Klebstoffe

Die Geschichte der Klebstoffe reicht bis in die Steinzeit zurück. Damals nutzten die Menschen bereits Birkenharz zum Befestigen von Pfeil- und Speerspitzen.

Vor etwa 6 000 Jahren begannen die Einwohner im Zweistromland zwischen Euphrat und Tigris aus Tierhäuten eine Art Glutinleim herzustellen. Diesen verwendeten sie zum Verbinden von Steinen für ihre Tempel und Häuser. Im alten Ägypten gewann man aus dem Mark der Papyrus-Staude einen stärkehaltigen Leim. Die Römer stellten aus Fischabfällen, die sie kochten, Leime her. Aus dem Stör gewannen die Menschen am Kaspischen Meer den so genannten Hausenglasenleim. Er diente den Goldschmieden zum Kitten von Gold und Silber.

Im Jahr 1690 entstand in Holland die erste Leimfabrik. Das erste Patent für die Tischlerleimherstellung wurde 1754 in England angemeldet. Bereits 1830 verwendete man Naturlatex als Klebstoff. Zum Ende des 19. Jahrhunderts gelang es, Cellulose herzustellen.

Nach dem Ende des zweiten Weltkrieges nahm die Entwicklung verschiedener Klebstoffe aufgrund intensiver Grundlagenforschung rasant zu.

1 Moderne spezielle Industrieklebstoffe

Heute gibt es über 1 000 Klebstoffhersteller in der ganzen Welt, die eine Auswahl von schätzungsweise 250 000 Kleb- und Dichtstoffen anbieten.

Anstrichstoffe

Durch die Verwendung von Anstrichstoffen werden die Qualität und das Erscheinungsbild eines Produktes verbessert. Sie schützen die Werkstoffe und beeinflussen das Aussehen und die Gestaltung des Produktes entscheidend.

Für den SOMA-Würfel bedeutet der Einsatz von Anstrichstoffen:
– Verminderung auftretender Verschmutzungsgefahren,
– Schaffung einer glatten und Wasser abweisenden Oberfläche,
– Gestaltung des Erscheinungsbildes durch Einfärben oder Hervorheben der Holzmaserung.

Deshalb sollte sich die Auswahl des Anstrichstoffes an den gewünschten **Produkteigenschaften** orientieren. Ähnlich wie bei den Kleb-

2 Ungeschütztes Holz

stoffen, existieren viele unterschiedliche Anstrichstoffe für die verschiedensten Werkstoffe und Einsatzfälle.
Die auf S. 93 stehende Tabelle gibt einen Überblick über häufig verwendete Anstrichstoffe für den Werkstoff Holz.

3 Mehrmaliges Beizen verändert den Farbton.

Ausgewählte Holz-Anstrichstoffe	
Anstrichstoff	**Eigenschaften**
Beize	– Hervorheben der Maserung – Oberfläche wird eingefärbt – ohne Schutzfunktion
Wachs	– Tönen und Schutz der Oberfläche
Lasur	– Hervorheben der Maserung – Oberfläche wird eingefärbt und geschützt – Feuchtigkeitsaustausch durch offenporigen Anstrich
Lack	– deckende, nicht offenporige Schutzschicht – glatte, glänzende oder seidenglänzende Oberfläche – farbige Gestaltung ohne Maserung
Holzöl	– eingefärbtes Holz mit Mase- rung – dringt tief in das Holz ein – stark Wasser abweisend

2 Lackiertes Holz

schicht überzogen werden, welche vor Feuchtigkeit und Schmutz schützt. Mit **Lasuren** erzielt man den gleichen Effekt. Beim Lasieren ist aber nur ein Arbeitsgang notwendig. Die Holzmaserung ist immer erkennbar. Der anfängliche, im Gegensatz zum Beizen, nicht so kräftige Farbton kann durch Mehrfachanstrich nachgedunkelt werden. Von großem Vorteil ist die Offenporigkeit, besonders beim Einsatz von Holz in einer Umgebung mit wechselnder Luftfeuchtigkeit.

Beize wird verwendet, wenn man das natürliche Aussehen des Holzes unterstreichen möchte. Sie sollte mit einem Tuch gleichmäßig aufgetragen werden. Ein Mehrfachanstrich verdunkelt den erzielten Farbton des Holzes. Nach dem Trocknen sollte man die Oberfläche versiegeln. Dazu kann das Holz nach dem Beizen mit einer **Wachs-**

Lack besitzt einen kräftigen und satten Farbton. Zwei Anstriche sind mindestens erforderlich, um eine gut deckende Oberfläche zu erreichen. Das so behandelte Holz besitzt eine wesentlich glattere Oberfläche als lasiertes oder geöltes Holz. Durch äußere Einflüsse können jedoch Lackstückchen abplatzen.

1 Lasierte (links) und lackierte (rechts) Tür

3 Geöltes Holz

Holzöl bewahrt das natürliche Aussehen des Holzes und dringt sehr tief ein. Mindestens zwei Anstriche sollten aufgetragen werden, wenn das Produkt Feuchtigkeit ausgesetzt ist. Der Anstrich sollte jährlich wiederholt werden, da Öl sich verflüchtigen kann. Oft wird deshalb auch der Ölanstrich mit einem Wachsanstrich abgeschlossen.

Vergleicht man die fünf Anstrichstoffe miteinander, so scheiden für den SOMA-Würfel Holzöl aus hygienischen und Beize aus ökonomischen (man benötigt zwei Anstrichstoffe, Beize und Wachs) Gründen aus. Die Wahl zwischen Lasur oder Lack (oder Wachs) und zwischen Ein- und Mehrfarbigkeit wollen wir der Entscheidung der Klasse überlassen.

Materialbedarfsplan

In einem Materialbedarfsplan werden die benötigten Werk- und Hilfsstoffe zusammenfassend dargestellt. Für unseren SOMA-Würfel kann der Materialbedarfsplan wie folgt aussehen:

Materialbedarfsplan (vereinfacht)	
Werkstoff	**geplant**
Holz	Quadratleiste 20 mm × 20 mm aus Kiefernholz
Hilfsstoff	**geplant**
Klebstoff	Holzleim
Anstrichstoff	Lasur oder Lack

Der Materialbedarfsplan ist Arbeitsgrundlage für die **Materialbeschaffung**, die den Einkauf der benötigten Werk- und Hilfsstoffe ausführen muss. Außerdem hat die Materialbeschaffung die Materialmenge für alle Mitarbeiter sowie die Angebotsmengen und Verkaufspreise im Handel zu ermitteln.

Einzelheiten hierzu findet ihr im Abschnitt 5.1 „Materialeinkauf".

Stückliste

Damit der konkrete Materialbedarf des benötigten Werkstoffes leichter ermittelt werden kann, ist bei mehrteiligen Gegenständen eine Stückliste hilfreich. Sie ist außerdem eine notwendige Vorarbeit zur Aufstellung des Arbeitsablaufplanes, der den Mitarbeitern die konkreten Arbeitsanweisungen vorgibt.

Im Abschnitt „Klebstoffe" auf S. 91 dieses Kapitels wurde die Überlegung formuliert, dass die sieben SOMA-Einzelteile aus Quadratleistenabschnitten zu 20 mm, 40 mm oder 60 mm Länge hergestellt werden. Daraus ergibt sich die nachfolgende Stückliste.

Stückliste der benötigten Leistenabschnitte für alle SOMA-Einzelteile		
SOMA-Einzelteil	**Leistenabschnitt (mm)**	**Anzahl**
1	20 × 20 × 20	1
	20 × 20 × 40	1
2	20 × 20 × 40	2
3	20 × 20 × 20	1
	20 × 20 × 60	1
4	20 × 20 × 40	2
5	20 × 20 × 20	1
	20 × 20 × 60	1
6	20 × 20 × 40	2
7	20 × 20 × 20	2
	20 × 20 × 40	1

Für einen SOMA-Würfel müssen entsprechend der Stückliste die Leistenabschnitte in entsprechender Anzahl und Abschnittlänge gefertigt werden. Insgesamt benötigen wir pro SOMA-Würfel 15 Quadratleistenabschnitte in drei unterschiedlichen Längen.

Anzahl benötigter Quadratleistenabschnitte 20 mm × 20 mm	
Abschnittlänge	Anzahl
20 mm	5
40 mm	8
60 mm	2

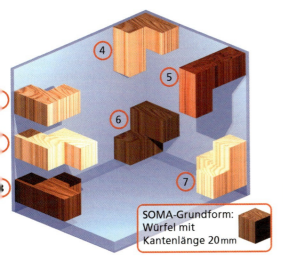

SOMA-Grundform: Würfel mit Kantenlänge 20 mm

1 Sieben SOMA-Einzelteile

4.2 Aufstellen von Arbeitsablaufplänen

Im Kapitel 3 wurden das Aussehen und die Größe der einzelnen SOMA-Einzelteile festgelegt. Diese Ergebnisse sind Grundlage für die Material- und Arbeitsplanung.

Im Abschnitt 4.1 erfolgte die Materialplanung als Voraussetzung für die Materialbeschaffung (siehe Abschnitt 5.1).

Da die angewandten Fertigungsverfahren materialabhängig sind, folgt im dritten Schritt die Arbeitsplanung.

In deren Ergebnis wird ein **Arbeitsablaufplan** aufgestellt. Er enthält alle auszuführenden **Arbeitsschritte,** die zu verwendenden **Arbeitsmittel, Werkstoffe** und **Hilfsstoffe** in vorgegebener Abfolge.

M Der Arbeitsablaufplan ist eine Übersicht, die die Reihenfolge der Arbeitsschritte und der benötigten Arbeitsmittel angibt.

Dieser Ablaufplan gehört neben den technischen Zeichnungen zu den Arbeitsgrundlagen für die Produktionsarbeiter.

2 Die drei Quadratleistenabschnitte mit den Längen 20 mm, 40 mm und 60 mm

3 Umfangreiche Ablaufpläne können am Computer schnell erstellt und geändert werden.

Arbeitsmethode
„Erstellen eines Arbeitsablaufplanes"

Die Arbeitsplanung lässt sich ähnlich anderer Methoden (z. B. Betriebserkundung) in drei Phasen aufteilen: die **Arbeitsvorbereitung,** die **Arbeitsausführung** und die **Arbeitsnachbereitung.** Parallel zu den ersten beiden Phasen ist eine ständige Arbeitskontrolle notwendig, um hohe Qualitätsstandards, die für einen erfolgreichen Verkauf unabdingbar sind, zu erreichen.

Zur Arbeitsvorbereitung:

Sie erfolgt individuell und ist aus den Arbeitsunterlagen (Zeichnungen und Arbeitsablaufplan) zu entnehmen.

Es müssen:
- alle benötigten Rohlinge in ausreichender Anzahl am Arbeitsplatz vorhanden sein,
- alle benötigten Hilfsstoffe in der Nähe und in ausreichender Menge gelagert werden,

- möglichst alle benötigten Prüf-, Mess- und Werkzeuge in Griffnähe abgelegt sein und
- die Qualität der eingesetzten Stoffe und Arbeitsmittel überprüft werden.

Zur Arbeitsausführung:

1. Rohfertigung der Einzelteile

In der Rohfertigung müssen die geforderten Maße (z. B. Gesamtlänge, -höhe, -tiefe) des herzustellenden Einzelteiles beachtet werden. Dazu sind die notwendigen Maße abzumessen und anzureißen. Anschließend wird das Werkstück mittels Sägen, Bohren oder anderer Verfahren bearbeitet. Die Maße der Rohfertigung (Rohmaße) dürfen unter keinen Umständen unterschritten werden!

2. Qualitätsfertigung der Einzelteile

Nachdem das oder die Einzelteil(e) im Rohmaß vorliegen, ist eine weitere Bearbeitung zum Umsetzen der Maßgenauigkeit (z. B. durch Raspeln oder Grobschliff) und der Oberflächengüte (z. B. durch Feinschliff) notwendig, bis die geforderten Maße und Eigenschaften erreicht sind.

3. Montage der Einzelteile

In den meisten Fällen werden mehrteilige Gegenstände hergestellt. Diese sollten immer erst dann zusammengefügt werden, wenn jedes Einzelteil die geforderten Eigenschaften besitzt.

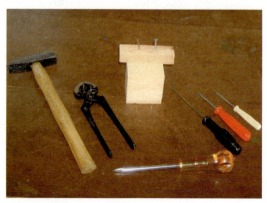

1 Nageln (links) und Verschrauben (rechts) von Holzteilen

Durch **Fügen** können grundsätzlich lösbare (z. B. Verschrauben) oder unlösbare (z. B. Kleben) Verbindungen hergestellt werden. Nach der Montage ist im Einzelfall ein Feinschliff notwendig.

4. Oberflächenversiegelung der Werkstücke

Diese schützt den verwendeten Werkstoff gegen äußere Einflüsse (Feuchtigkeit, Sonne) und kann das Erscheinungsbild des Produktes verbessern. Anstrichstoffe werden zu diesem Zweck durch verschiedene Verfahren (z. B. Anstreichen, Tauchen, Sprühen) aufgetragen. Ein mehrmaliges Auftragen ist zu empfehlen.
Beim Werkstoff Holz ist eine Oberflächenversiegelung immer notwendig.

Eine ständige Arbeitskontrolle (Sichtkontrolle, Prüfen und Messen) ist während jedes einzelnen Arbeitsganges durchzuführen, damit die geforderte Qualität des Werkstückes erreicht wird.

Zur Arbeitsnachbereitung:

Nach Fertigstellung des Produktes erfolgt eine abschließende **Qualitätskontrolle.** Diese beinhaltet vor allem eine Sichtkontrolle und das Überprüfen der geforderten **Produkteigenschaften,** insbesondere der Maßgenauigkeit und Winkligkeit. Unter Umständen müssen Nachbesserungen (z. B. Überstreichen von Farbfehlern) vorgenommen werden.

Bei mehrfarbigen Produkten kann die Oberflächenversiegelung auch vor der Montage erfolgen.

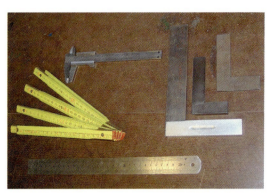

2 Verschiedene Prüf- und Messzeuge

Verfahren der Arbeitsvorbereitung und Arbeitskontrolle

In der Beschreibung der Arbeitsmethode „Erstellen eines Arbeitsablaufplanes" ist deutlich geworden, dass **Prüfen** und **Messen** ständig angewandte Verfahren zur Qualitätssicherung sind.

> **M** Prüfen ist das Feststellen einer bestimmten Produkteigenschaft.

> **M** Messen ist das Ermitteln des exakten Wertes einer physikalischen Größe.

Gegenstände, mit denen man das Prüfen oder Messen ausführt, nennt man Prüf- bzw. Messzeuge. Ihr Einsatz ist abhängig vom Werkstoff.

1 „Fertiges Werkstück" – hier gab es nie eine Arbeitskontrolle.

Prüf- und Messzeuge	
Metall	Holz
• Anschlagwinkel • Messschieber • Messuhr • Messschraube • Lehren (Lochlehre) • Stahlmaßstab	• Anschlagwinkel • Stahlmaßstab • Gliedermaßstab (Zollstock) • Winkelmesser • Schablonen

3 Prüf- und Messzeuge für Holz und Metall

Verfahrenshauptgruppen

Ein Arbeitsablaufplan kann nur aufgestellt werden, wenn genaue Kenntnisse und Erfahrungen darüber vorliegen, mit welchen Fertigungsverfahren und Arbeitsmitteln man Werkstoffe bearbeiten kann, um ein gewünschtes Produkt zu erhalten.

Dazu gibt es viele unterschiedliche Möglichkeiten. Werkstoffe können im Stoffzusammenhalt, in der Form und in den Eigenschaften durch das Anwenden bestimmter Fertigungsverfahren verändert werden. Die Vielzahl der Fertigungsverfahren wurde in der DIN 8580 systematisiert.

M Verfahrenshauptgruppen sind in Gruppen zusammengefasste Fertigungsverfahren mit mindestens jeweils einem gemeinsamen Merkmal.

Die **Verfahrenshauptgruppen** sind:
– Urformen,
– Umformen,
– Trennen,
– Fügen,
– Beschichten,
– Stoffeigenschaft ändern.
Nachfolgend sollen diese kurz vorgestellt werden, damit man auf deren Grundlage sachkundige Entscheidungen beim Aufstellen von Arbeitsablaufplänen treffen kann.

Urformen

M Urformen ist das Herstellen einer ersten Form aus formlosen Stoffen durch Schaffen des Stoffzusammenhaltes.

Beispiele für Urformverfahren sind Gießen, Pressen, Sintern, Schäumen und Spinnen.

Umformen

2 Gebogener Wandhaken

M Umformen ist die gezielte plastische Änderung der Form eines Werkstückes unter Beibehalten der Masse und des stofflichen Zusammenhaltes.

Beispiele für Umformverfahren sind Walzen, Biegen, Falten, Tiefziehen und Prägen.

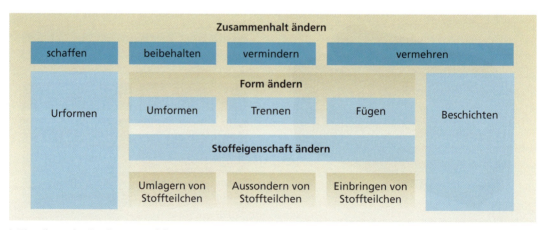

1 Einteilung der Fertigungsverfahren

Trennen

1 Gedrechselter Stuhlgriff

> **M** Trennen ist das gezielte Aufheben eines örtlichen Stoffzusammenhaltes durch Einwirken äußerer Kräfte.

Beispiele für Trennverfahren sind Drechseln, Lochen, Schneiden, Reißen, Brechen, Drehen, Sägen, Bohren, Fräsen, Schleifen, Feilen, Stemmen, Hobeln und Brennschneiden.

Fügen

2 Geflochtener Weidenkorb

> **M** Fügen ist das Verbinden mehrerer Werkstücke durch Verbindungselemente, formlose Stoffe oder Verbindungstechniken.

Beispiele für Fügeverfahren sind Klemmen, Schweißen, Kleben, Nageln, Verschrauben, Dübeln, Nieten, Löten, Flechten und Verknoten.

Beschichten

3 Altanstrich und Neuanstrich

> **M** Beschichten ist das Aufbringen einer fest haftenden Schicht aus formlosem Stoff auf ein Werkstück.

Beispiele für Beschichtungsverfahren sind Anstreichen, Aufsprühen, Tauchen, Aufspritzen, Rollen, Aufdampfen, Oxidieren, Galvanisieren, Eloxieren, Emaillieren und Aufwalzen.

Stoffeigenschaft ändern

> **M** Unter Stoffeigenschaftsänderung versteht man das Einbringen, Umlagern oder Aussondern von Stoffteilchen, um bestimmte Stoffeigenschaften zu verbessern.

Beispiele für Änderungen von Stoffeigenschaften sind Härten, Glühen, Anlassen, Sandstrahlen, Filtrieren, Abbeizen, Mischen, Legieren, Vulkanisieren, Zentrifugieren, Destillieren, Kneten, Versprühen und Verstäuben.

Die angegebenen Beispiele in den sechs beschriebenen **Verfahrenshauptgruppen** stellen eigenständige **Fertigungsverfahren** dar. Sie können wiederum in verschiedene **Arbeitstechniken** untergliedert werden.

> **M** Fertigungsverfahren sind in Gruppen zusammengefasste Arbeitstechniken mit mindestens jeweils einem gemeinsamen Merkmal.

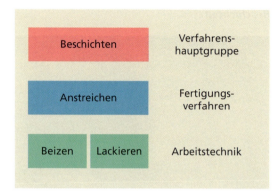

1 So gliedern sich Verfahrenshauptgruppe – Fertigungsverfahren – Arbeitstechnik

Zum Herstellen des SOMA-Würfels sind Trenn-, Füge- und Beschichtungsverfahren notwendig. Unter diesen müssen die jeweils optimalen Fertigungsverfahren für die Holzbearbeitung ausgewählt werden. Sie erfordern dementsprechende **Arbeitsmittel,** die gleichfalls auszuwählen sind.

> **M** Arbeitsmittel sind alle Gegenstände, die zum Messen, Prüfen, Anreißen und Bearbeiten eines Werkstückes verwendet werden.

Nun sind alle Voraussetzungen erfüllt, um den Arbeitsablaufplan zur Herstellung des SOMA-Würfels aufstellen zu können.

Arbeitsablaufpläne für den SOMA-Würfel

Die Tabelle zeigt den **Arbeitsablaufplan** zur Fertigung eines Quaders, der als Quadratleistenabschnitt Bestandteil der SOMA-Einzelteile ist. Von der Länge 60 mm sind 2 Quadratleistenabschnitte (Quader) zu fertigen. Analog zu diesem Arbeitsablaufplan können auch die übrigen

2 SOMA-Teil 5 aus einem Würfel 20 mm × 20 mm × 20 mm und einem Quader 20 mm × 20 mm × 60 mm

Quadratleistenabschnitte zu Längen von 40 mm und 20 mm hergestellt werden.

Abschließend ist ein weiterer **Arbeitsablaufplan** für die Endfertigung der SOMA-Einzelteile aufzustellen. Dabei werden zusätzlich die Fertigungsverfahren Kleben und Anstreichen genutzt.

Arbeitsablaufplan zur Fertigung eines Quaders 20 mm x 20 mm x 60 mm

Nr.	Arbeitsschritt	Arbeitsmittel	Hinweise
1	Prüfen der Quadratleiste		Sichtkontrolle
2	Abmessen Länge 60 mm	Stahlmaßstab, Bleistift	Kennzeichnen der Null-Linie
3	Anreißen der Risslinie	Anschlagwinkel, Bleistift	Beachten des korrekten Anschlages
4	Sägen auf Länge 60 mm	Feinsäge, Schneidelade, Schraubstock	Sägen im Abfallstück!
5	Grobschliff bis zum Maß 60 mm	Schleifklotz (Schleifvorrichtung) mit Körnung 60	Beachten der Faserrichtung
6	Messen und Prüfen	Stahlmaßstab, Flachwinkel	Mehrmalig, bis zum Erreichen der Länge
7	Feinschliff	Schleifbrett mit Körnung 120	Flächen und Kanten
8	Qualitätskontrolle	Flachwinkel, Stahlmaßstab	Sicht- und Fühlkontrolle

4.3 Berechnen eines Kalkulationspreises

Bisher sind wir immer von der Annahme ausgegangen, dass wir den fertigen SOMA-Würfel zu einem schülerfreundlichen Preis anbieten können. Bevor wir unser Produkt aber in die Produktion überführen und dazu alle notwendigen Werk- und Hilfsstoffe beschaffen, sollten wir diese Annahme konkretisieren.

Das bedeutet, wir müssen errechnen, wie teuer ein SOMA-Würfel in der Herstellung wird. Dazu müssen wir alle anfallenden **Kosten** berücksichtigen und rechnerisch zusammenfassen.

> **M** Kosten sind der in Geld ausgedrückte Aufwand für eine Sache oder Dienstleistung.

Die Gesamtheit aller anfallenden Kosten kann aber nicht die Höhe des Preises sein. Zusätzlich muss ein **Gewinnanteil** hinzugerechnet werden; dieser stellt praktisch die Belohnung für unsere Arbeit dar. Er wird in unserem Beispiel vereinfacht mit dem zehnten Teil der errechneten Gesamtkosten bestimmt und beträgt somit 10 Prozent.

Beispiel

gegeben:
Gesamtkosten 10 Euro
Gewinnanteil (10 Prozent) 1 Euro

gesucht:
Kalkulationspreis

Berechnung

Gesamtkosten + Gewinnanteil = Kalkulationspreis
10 Euro + 1 Euro = 11 Euro

Antwortsatz

Der Kalkulationspreis des Produktes beträgt 11 Euro.

1 Berechnung des Kalkulationspreises

> **M** Der Kalkulationspreis wird aus der Summe aller anfallenden Kosten und dem Gewinnanteil errechnet.

Kostenrechnung

In der Kostenrechnung werden alle Kosten erfasst, die bei der Herstellung eines Produktes anfallen. Die Kosten werden stets mit den Beschaffungspreisen bewertet.

Damit man alle Kosten in ihrer Gesamtheit ermitteln kann, sind einige Kenntnisse zu den Kostenarten notwendig.

In der Kostenrechnung wird in fixe und variable Kosten unterschieden.

Fixe Kosten müssen stets, egal ob produziert wird oder nicht, aufgewendet werden. Sie sind von der Produktmenge unabhängig. Zu den fixen Kosten zählen z. B. die Miete für Gebäude und Ausrüstungen, Grundlöhne, Heizungskosten, Grundstückssteuern und Grundgebühren für Wasser und Strom.

> **M** Unter fixen Kosten versteht man alle unveränderlichen Kosten.

Auch **Abschreibungskosten** sind fixe Kosten. Sie entstehen durch die Abnutzung und den Verbrauch von Arbeitsmitteln.

Nach einer bestimmten Nutzungsdauer ist das Arbeitsmittel so verbraucht, dass es nicht mehr eingesetzt werden kann.

Man sagt dazu: Das Arbeitsmittel ist abgeschrieben. Die Höhe der Abschreibungskosten ist vom Beschaffungspreis und der Nutzungsdauer abhängig.

Variable Kosten fallen nur dann an, wenn etwas produziert wird. Sie sind von der Produktmenge abhängig. Zu den variablen Kosten zählen z. B. Materialkosten, Strom- und Wasserverbrauchskosten, Reise- und Transportkosten, Lohnzuschläge und Reparaturkosten.

> **M** Unter variablen Kosten versteht man alle veränderlichen Kosten.

Eine stark vereinfachte Berechnung des **Kalkulationspreises** für einen SOMA-Würfel könnte wie folgt aussehen:

1 Soma-Würfel
(0,6 m Quadratleiste 20 mm x 20 mm;
4h Energie; 5 Werkzeuge)

Werk- und Hilfsstoffe			Kosten
Holz			1,35 €
Leim			0,23 €
Lack			0,17 €
Schleifpapier			0,25 €
Energie	0,14 € / kWh	x 4	0,56 €
Abschreibung	0,05 € / Werkzeug x 5		0,56 €
	Herstellungskosten		2,81 €
	+ Gewinn	10%	0,28 €
	Kalkulationspreis		3,09 €

1 Berechnung des Kalkulationspreises für einen SOMA-Würfel

Für uns vereinfacht sich die Kostenrechnung noch weiter, da wir in der Schule nur die Materialkosten aufbringen müssen.

So machen es die Betriebe

Im vorhergehenden Abschnitt haben wir schon einen kleinen Einblick in die Kostenrechnung erhalten. In den Betrieben geht es aber darum, so kostengünstig wie möglich zu produzieren. Man braucht einen möglichst niedrigen Kalkulationspreis, damit beim Kaufinteressenten eine ausreichende Preisakzeptanz erzielt wird.

Produktionsoptimierung

Deshalb ist es für die Phase der Produktplanung enorm wichtig, Preisberechnungen für verschiedene Produktvarianten anzufertigen, um die kostengünstigste Variante zu erhalten.

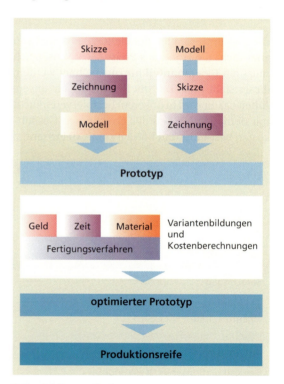

2 Produktionsoptimierung

> **M** Produktionsoptimierung bedeutet, den geringsten Eigenaufwand an Geld, Zeit und Material für das Fertigen eines Produktes durch Variantenvergleiche und Kostenberechnungen zu ermitteln.

Der auf diese Weise optimierte **Prototyp** kann in die Produktion überführt und produziert werden. Die **Produktionsoptimierung** ist damit jedoch noch nicht abgeschlossen. Auch bei laufender Produktion müssen deren Methoden ständig angewendet werden, um Kosten zu senken.

Betriebliches Rechnungswesen

Täglich fallen in einem Betrieb viele Arbeitsabläufe an, ob in der Produktentwicklung und -planung, in der Produktion, in der Verwaltung oder im Versand. Dabei werden Leistungen erstellt und Material bzw. Arbeitsmittel verbraucht. Im Betrieb entstehen also in allen Bereichen ständig **Kosten**.

Neben der Kostenrechnung müssen aber noch weitere Kenngrößen erfasst werden, damit man über die aktuelle (finanzielle) Situation des Betriebes genauestens informiert ist. Um diese zu erfassen, ist ein **betriebliches Rechnungswesen** notwendig.

Bereiche des betrieblichen Rechnungswesens	
Bereich	**Aufgabengebiete (Auswahl)**
Finanzbuchhaltung und Bilanz	– Buchführung (chronologische Erfassung aller Ein- und Ausgaben) – Inventur – Jahresabschluss – Sonderbilanz/ Zwischenbilanz
Kostenrechnung	– Betriebsabrechnung – Kostenarten, -stellen und -trägerrechnung – Selbstkostenrechnung = Kalkulation
Betriebsstatistik	– Einzelbetriebsvergleich/ Soll-Ist-Vergleich (Umsatz-, Personal-, Kostenstatistik) – Zwischenbetrieblicher Vergleich
Planungsrechnung	– Unternehmensforschung – Zukunftserwartungen (Absatz- und Finanzplan)

Ein sehr wichtiges Ergebnis der betrieblichen Rechnungsführung ist die **Gewinn- und Verlustrechnung.** Damit wird der aktuelle Erfolg oder Misserfolg eines Betriebes ermittelt. Die Bedeutung der Rechnungsführung resultiert vor allem daraus, dass der Betrieb damit selbst ein Instrument besitzt, um Verluste zu vermeiden.

Diese müssen noch nicht zu seiner Zahlungsunfähigkeit führen, z. B. können finanzielle Reserven aus ertragreichen Jahren aktuelle Verluste ausgleichen.

Betriebe, die über solche Reserven verfügen, befinden sich im finanziellen Gleichgewicht. Das bedeutet, dass sie zu jedem Zeitpunkt alle fälligen Rechnungen bezahlen können. Die Zahlungsfähigkeit wird in Betrieben auch mit dem Begriff Liquidität bezeichnet.

M Die **Liquidität** eines Betriebes bedeutet seine Zahlungsfähigkeit, er kann alle fälligen Rechnungen bezahlen.

Wenn ein Betrieb seine Rechnungen nicht mehr bezahlen kann und auch von den Banken keinen Kredit mehr bekommt, muss er Konkurs anmelden. Das Unternehmen wird dann durch einen Gerichtsbeschluss aufgelöst.

1 Große Unternehmen sind an der Börse notiert.

Aufgaben

Kapitel 4.1

1. Stelle in einer Übersicht unter Einbeziehung der Tabellen auf den Seiten 82, 84 und 87 mögliche Werkstoffeigenschaften zusammen!

2. Welche Werkstoffeigenschaften besitzen Textilwerkstoffe?

3. a) Nenne sechs Gegenstände aus deiner näheren Umgebung aus Metall!
   b) Ordne die entsprechende Metallart zu!
   c) Gib von drei gefundenen Metallarten jeweils mindestens zwei Eigenschaften an!

4. a) Ermittle und notiere mindestens drei Betriebe aus deiner Umgebung oder dem Landkreis, die Metalle be- oder verarbeiten.
   b) Welche Berufe haben in den ermittelten Betrieben mit Metall zu tun?
   c) Welche Voraussetzungen benötigt man für den Beruf eines Schiffbauers/ einer Schiffbauerin?

5. Nenne mindestens vier Gegenstände aus Legierungen unter gleichzeitiger Angabe des Namens der Legierung!

6. Erläutere die Begriffe „Schwinden", „Quellen" und „Verwerfungen" von Holz mit eigenen Worten!

7. Trage auf einer selbst gezeichneten Deutschlandkarte die größten Waldgebiete ein und benenne sie!

8. Welche Auswirkungen hat das unkontrollierte Abholzen der Wälder für den Lebensraum Erde?

9. Notiere jeweils drei Nadel- und Laubbäume sowie jeweils drei heimische und tropische Holzarten!

10. Notiere sechs Haushaltsgegenstände aus Kunststoff!

11. Erläutere den Herstellungsweg von Kunststoffen!

12. Welche besonderen Eigenschaften besitzen Duroplaste, Thermoplaste und Elastomere?

13. a) Informiere dich über weitere Möglichkeiten der Verwertung von Kunststoffabfällen!
    b) Stelle diese schriftlich zusammen!

14. a) Warum entscheidet man sich beim SOMA-Würfel für den Werkstoff Weichholz?
    b) Welche anderen Werkstoffe könnte man ebenfalls verwenden?

15. Warum sind Kleb- und Anstrichstoffe Hilfsstoffe?

16. Fasse die Geschichte der Klebstoffe in einer Tabelle zusammen!

17. Warum muss Holz mit Anstrichstoffen behandelt werden?

18. Welche Vorteile hat die Verwendung von:
    a) Lasuren?
    b) Lacken?

Kapitel 4.2

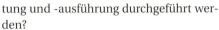

19. a) Warum müssen Arbeitskontrollen ständig in der Arbeitsvorbereitung und -ausführung durchgeführt werden?
    b) Welche Arbeitskontrollen sind unbedingt notwendig?

20. Worin unterscheiden sich die Roh- und die Qualitätsfertigung?

21. Stelle die Verfahren der Arbeitsvorbereitung und Arbeitskontrolle in einem Kurzvortrag vor!

22. Nenne mindestens acht Trennwerkzeuge unter Angabe ihrer Verwendung!

23. Erläutere die Fertigungsverfahren Nageln, Dübeln und Löten!

24. a) Erkunde in einem Baumarkt oder im Internet, welche verschiedenen Formen Schraubenköpfe besitzen können!
    b) Notiere und skizziere deine Ergebnisse!

25. Nähe zwei Textilreste mittels einer Einfachnaht und einer Doppelnaht zusammen (s. Abb. 1)!

26. Nähe einen Knopf an einem Textilrest an!

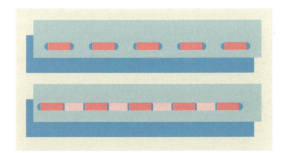

1 Prinzipskizze einer Einfachnaht (oben) und einer Doppelnaht (unten)

27. Stelle einen Arbeitsablaufplan für die Endfertigung eines SOMA-Einzelteiles aus zwei vorhandenen Quadern unter Verwendung der Tabelle auf S. 100 auf!

Kapitel 4.3

28. Welche Folgen hätte es, wenn der Betrieb keinen Gewinnanteil bei der Berechnung des Kalkulationspreises berücksichtigen würde?

29. Berechne den Kalkulationspreis, wenn die Gesamtkosten 6 Euro betragen! Gliedere dein Rechenbeispiel in:
    – gegeben,
    – gesucht,
    – Berechnung,
    – Antwortsatz.

Beispiel
gegeben: Gesamtkosten 10 Euro Gewinnanteil (10 Prozent) 1 Euro
gesucht: Kalkulationspreis

Berechnung
Gesamtkosten + Gewinnanteil = Kalkulationspreis 10 Euro + 1 Euro = 11 Euro

Antwortsatz
Der Kalkulationspreis des Produktes beträgt 11 Euro.

30. Gib an, welche fixen Kosten im Haushalt anfallen!

31. Gib an, welche variablen Kosten im Haushalt anfallen!

32. Welche variablen Kosten können den Kalkulationspreis eines SOMA-Würfels verändern? Begründe deine Antworten!

33. Wie erfolgt die Produktionsoptimierung im Betrieb?

34. Warum ist ein betriebliches Rechnungswesen notwendig?

35. Erläutere drei Begriffe aus dem betrieblichen Rechnungswesen unter Verwendung des Lehrbuchtextes S. 103!

Das Wichtigste im Überblick

Werkstoffe

Werkstoffarten		
Metalle	**Nichtmetalle**	**Verbundstoffe**
Kupfer	Kunststoff	Stahlbeton
Aluminium	Glas	Sperrholz
Stahl	Holz	Faserplatte
Messing	Leder	Faserzement

Einteilung der Arbeitsmittel

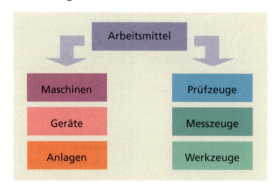

Einteilung der Verfahrenshauptgruppen

Urformen	Umformen	Trennen	Fügen
Aus einem formlosen Stoff entsteht ein Gegenstand	Gezielte plastische Formänderung eines Werkstückes	Aufheben örtlicher Stoff-zusammen-halte	Aus einem formlosen Stoff entsteht ein Gegenstand
Gießen Formpressen Schäumen	Walzen Biegen Falten	Sägen Bohren Schleifen	Kleben Nageln Verschrauben

Beschichten	Stoffeigen-schafts-änderung
Auftragen einer fest haftenden Schicht	Umlagern bzw. Einbringen von Stoff-teilchen
Anstreichen Aufsprühen Tauchen	Härten Mischen Legieren

Muster eines Arbeitsablaufplanes

Arbeitsablaufplan (Muster)			
Nr.	**Arbeits-schritt**	**Arbeits-mittel**	**Hinweise**
1			
2			

Muster einer Berechnungstabelle für den Kalkulationspreis

Berechnungstabelle für einen Kalkulationspreis (vereinfacht)		
Berechnungs-größe	**Beispiel**	**Kosten-betrag (in Euro)**
Variable Kosten		
Werkstoffe	Holzleiste, Blechstreifen	+
Hilfsstoffe	Leim, Lack	+
Stundenlohn	Arbeitszeit x Euro / Stunde	+
Energie-verbrauch	Elektroenergie, Heizung	+
Fixe Kosten		
Versicherungen	Unfall-versicherung	+
Miete	Raummiete	+
Gebühren	Trinkwasser, Telefon	+
Steuern	Gewerbesteuer	+
Gewinnanteil	10 Prozent	+
Kalkulations-preis		=

Produktherstellung

5

Mechatroniker/in

Voraussetzungen sind:

– räumliches Vorstellungsvermögen,
– logisches Denken und Ideenreichtum,
– Gewissenhaftigkeit,
– Hand- und Fingergeschick,
– gute Leistungen in Mathematik, Physik, AWT, Informatik und Fremdsprachen.

Was?

Mechatroniker/innen installieren, montieren und warten automatisch arbeitende Maschinen, Anlagen und Systeme mit elektrischen, mechanischen, pneumatischen und hydraulischen Komponenten.

Womit?

Montagezeichnungen und andere technische Unterlagen bilden die Grundlage dieser hoch qualifizierten Arbeit. Man arbeitet mit typischen Werkzeugen des Maschinen- und Anlagenbaus sowie mit modernsten Prüf- und Messgeräten.

Wo?

Mechatroniker/innen arbeiten in Werkhallen und Werkstätten des Maschinen- und Anlagenbaus, des Automobil- und des Schiffbaus, aber auch in technischen Überwachungsvereinen und -behörden.

Tischler/in

Voraussetzungen sind:

– räumliches Vorstellungsvermögen,
– mathematisches und logisches Denken,
– Gewissenhaftigkeit,
– Ideenreichtum,
– Hand- und Fingergeschick,
– gute Leistungen in AWT, Mathematik und Physik.

Was?

Tischler/innen fertigen und montieren nach fremden und eigenen Entwürfen Möbel, Laden-, Gaststätten- und Büroeinrichtungen und setzen selbst hergestellte Fenster, Türen und Treppen ein.

Womit?

Tischler/innen stellen Produkte aus Holz, Holzwerk- und Kunststoffen her. Neben traditionellen Anreiß-, Prüf-, Mess- und anderen Werkzeugen werden spezielle Holzbearbeitungsmaschinen, wie Kreissägen, Bohr-, Fräs-, Hobel- und Schleifmaschinen, eingesetzt.

Wo?

Die Arbeitsorte sind ständig wechselnde Baustellen, Räume der Kunden und die eigene Werkstatt.

5.1 Materialeinkauf

Die vorangegangene Produktplanung enthielt die Aufstellung des **Materialbedarfsplanes,** des **Arbeitsablaufplanes** und die Ermittlung des **Kalkulationspreises.**

Damit sind neben der Anfertigung der technischen Zeichnungen alle Voraussetzungen gegeben, um unseren SOMA-Würfel herzustellen. Bevor wir damit beginnen können, muss erst das benötigte **Material beschafft** werden.

Wie gehen wir schrittweise vor? Was sollten wir beachten? Eine Checkliste hilft uns weiter.

Materialbeschaffung für den SOMA-Würfel	
Stichwort	**Erläuterung**
Umfang	Was muss alles beschafft werden?
Rohstoffe	
Materialart	Welche Holzart verwenden wir?
Querschnitt	Welche Querschnittsmaße muss das Material besitzen?
Menge für ein Produkt	Wie viele laufende Meter Holzleiste brauchen wir für einen SOMA-Würfel?
Losgröße	Welche Anzahl an SOMA-Würfeln wird hergestellt?
Gesamtmenge	Wie viele laufende Meter Holzleiste brauchen wir für alle SOMA-Würfel?
Hilfsstoffe	
Sonstige Werkstoffe	Welche ergänzenden Werkstoffe werden benötigt?
Abpackungsgröße	In welchen Mengen werden die fehlenden Hilfsstoffe angeboten?
Menge	Welche Anzahl an Verpackungen, Flaschen oder Dosen der benötigten Hilfsstoffe muss beschafft werden?

Einkauf	
Bezugsquellen	Wo könnten wir die benötigten Werkstoffe bekommen?
Einkaufspreise	Was kostet die benötigte Menge bei den einzelnen Bezugsquellen?
Bezugsmöglichkeiten	Wie erhalten wir die gekauften Waren?
Auftragserteilung	Welche Angaben müssen auf dem Bestellzettel stehen?
Wareneingang	Wer kontrolliert Menge und Qualität der erhaltenen Ware?
Bezahlung	Wie erfolgt die Bezahlung?

Einige Fragen wurden schon früher beantwortet, hier können wir einfach die Vorgaben übernehmen. Aber die neuen Fragestellungen müssen von uns jetzt beantwortet werden. Dabei gehen wir systematisch vor, damit nichts vergessen wird.

Rohstoffe und Halbzeuge

Da in der Schule Räume, elektrischer Strom, Heizung und weitere Voraussetzungen vorhanden sind, beschränkt sich die Beschaffung auf den Einkauf der für das Produkt benötigten Werkstoffe.

> **M** **Werkstoffe** sind Halbzeuge, Roh-, Hilfs- und Betriebsstoffe, die in das Fertigprodukt eingehen.

Zuerst müssen Leistenabschnitte für die sieben SOMA-Einzelteile aus Holzleisten hergestellt werden. Der **Rohstoff** des SOMA-Würfels ist also Holz.

Da dieses Holz aber nicht mehr in seiner ursprünglichen Form vorliegt, wird es den Halbzeugen zugerechnet.

> **M** **Halbzeuge** sind aus Rohstoffen hergestellte Rohlinge.

Würden wir hingegen eine Obsttorte backen, so wären die Rohstoffe Mehl, Öl, Zucker, Früchte und Gelatine.

> **M** Rohstoffe bzw. Halbzeuge bilden die Hauptbestandteile der in ein Produkt eingehenden Werkstoffe.

Die von uns in der **Materialbedarfsplanung** festgelegte Holzart ist Kiefer. Es kann vorkommen, dass ein Händler Leisten aus einer anderen Holzart vorrätig hat. Dies könnte z. B. Fichte als weitere Weichholzart sein.

Für das SOMA-Grundelement wurden die Abmessungen 20 mm×20 mm×20 mm in den technischen Zeichnungen festgelegt. Wir benötigen daher Quadratleisten mit einer Breite und einer Höhe von jeweils 20 mm.

Die Berechnung der einzelnen Längen aller sieben SOMA-Einzelteile ist unterschiedlich. Nehmen wir aber als Grundlage für die Berechnung das SOMA-Grundelement, so ist die Rechnung einfach.

Ein zusammengesetzter SOMA-Würfel besteht aus $3 \times 3 \times 3 = 27$ Grundelementen.

Alle Grundelemente sind 20 mm tief.

Diesen Wert multipliziert man mit der Anzahl der für einen Würfel benötigten Grundelemente.

1 Die 7 Teile des SOMA-Würfels

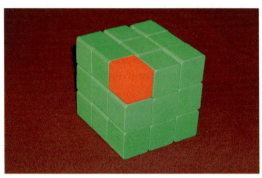

2 Die 27 Grundelemente des SOMA-Würfels

$20\text{ mm} \times 27 = 540\text{ mm}$

Berücksichtigt man die auftretenden Zuschnittverluste, so kann man von einer Leistenlänge von 600 mm für einen SOMA-Würfel ausgehen.

Abschließend muss noch die Gesamtanzahl der zu fertigenden SOMA-Würfel bestimmt werden. Wenn jeder Schüler einen SOMA-Würfel fertigt, beträgt die erste Serie bei 22 Schülern ebenfalls 22 SOMA-Würfel.

Fachleute sagen:
Die Losgröße beträgt 22 SOMA-Würfel.

> **M** Die **Losgröße** gibt die Anzahl eines Produktes an, die mit den einmal beschafften Werkstoffen hergestellt werden kann.

Um die Berechnung aller benötigten Quadratleisten abzuschließen, müssen wir die ermittelte Länge von 600 mm für einen SOMA-Würfel nur noch mit unserer Losgröße von 22 SOMA-Würfeln multiplizieren.

$600\text{ mm} \times 22 = 13\,200\text{ mm}$

Demnach benötigen wir für die Fertigung Quadratleisten 20 mm×20 mm aus Kiefernholz mit einer Gesamtlänge von 13 200 mm.
Da wir noch nicht wissen, wie lang eine Leiste im Baumarkt ist, sagt man auch:
Wir benötigen 13,20 laufende Meter.

Hilfsstoffe

Der SOMA-Würfel ist noch nicht fertig, wenn alle Leistenabschnitte vorliegen. Aus unserem **Materialbedarfsplan** im Abschnitt 4.1 wissen wir, dass für die Fertigung auch Holzleim und Anstrichstoffe benötigt werden.

> **M** Hilfsstoffe umfassen alle ergänzenden Werkstoffe von untergeordneter Bedeutung, die vollständig in das Produkt eingehen.

Holzleim gibt es in verschiedenen Sorten mit unterschiedlichen Qualitäten. Da der Bedarf für einen SOMA-Würfel nicht groß ist, genügt die Beschaffung in einer kleinen Abpackung.

Bei einer angenommenen Holzleimmenge von einem Eßlöffel (ca. 10 ml) benötigen wir bei einer **Losgröße** von 22 SOMA-Würfeln insgesamt 220 ml Holzleim. Eine **Abpackungsgröße** mit 250 ml Inhalt reicht für unsere Losgröße aus.

> **M** Als Abpackungsgröße werden unterschiedliche Mengen, die in Dosen, Flaschen oder anderen Behältern abgefüllt sind, bezeichnet.

Der Bedarf an Anstrichstoffen richtet sich nach unserer Gestaltungsidee für den SOMA-Würfel. Wir könnten alle sieben SOMA-Einzelteile mit gleicher Farbe oder mit sieben unterschiedlichen Farben versehen.

2 Verschiedene Abpackungsgrößen

1 Holzleim in unterschiedlichen Abpackungen

3 Verschiedene Profilleisten

Im ersten Fall genügt das Beschaffen einer Farbdose mit 500 ml Inhalt.

Im zweiten Fall verringert sich die einzelne **Abpackungsgröße** beträchtlich, da insgesamt sieben Dosen mit unterschiedlichen Farbtönen benötigt werden. Es genügen je Farbe 75 bis 100 ml.

Bevor wir einkaufen, sollten wir die angebotenen **Mengeneinheiten** der benötigten Quadratleiste, des Holzleims und des Anstrichstoffes erkunden. Dies erfolgt in einer Stichprobe. Wir besuchen einen Baumarkt oder eine entsprechende Website im Internet.

Die Ergebnisse schreiben wir in eine Tabelle.

Erkundungsbogen Werkstoffe		
Werkstoffart	benötigte Menge	angebotene Mengeneinheit
Kiefernholz, Quadratleiste 20 mm × 20 mm	13,20 m	1 Leiste zu 2,40 m
Holzleim	250 ml	1 Flasche zu 225 ml
Anstrichstoff	1 × 500 ml 7 × 100 ml	1 Dose zu 750 ml 7 Dosen zu je 125 ml

Mit den Ergebnissen des Erkundungsbogens lassen sich die Mengen der einzelnen Werkstoffe leicht ermitteln, welche wir einkaufen müssen.

Einkauf

Aus dem täglichen Leben wissen wir, dass Preise nicht konstant und auch nicht überall gleich sind. Ein günstiger Einkauf hilft Geld sparen. Daher ist ein Preisvergleich wichtig.

Diesen **Preisvergleich** können wir innerhalb einer und zwischen mehreren Bezugsquellen durchführen. Wir informieren uns in Bau- und Hobbymärkten sowie per Katalog oder Internet

Preisermittlungsliste für Baumarkt A		
Werkstoffart	Mengeneinheit	Preis pro Mengeneinheit
Kiefernholz, Quadratleiste 20 mm × 20 mm	Leiste zu 2,40 m Leiste zu 0,90 m	3,79 € 1,49 €
Holzleim	Flasche zu 225 ml	3,99 €
Holzleim, wasserfest	Flasche zu 225 ml	5,79 €
Buntlack	Dose zu 375 ml Dose zu 125 ml	6,29 € 3,99 €
Acryl-Buntlack	Dose zu 375 ml Dose zu 125 ml	6,79 € 4,39 €
Bienenwachs-lasur	Dose zu 375 ml	6,99 €
Wohnraumlasur	Dose zu 375 ml	6,79 €

Ein Beispiel für eine **Preisermittlungsliste** ist die oben stehende Tabelle. Alternative Verkaufsartikel sind *kursiv* eingetragen.

Preisermittlung und -vergleich

Die Klasse stellt zunächst eine Preisermittlungsliste auf, die die Anschrift der Bezugsquelle, die Werkstoffart, die angebotene Mengeneinheit und den Preis pro Mengeneinheit enthält. Sehr wichtig ist, in dieser Liste genügend Zeilen für weitere angebotene Werkstoffe mit ähnlichen Eigenschaften zu reservieren.

Anschließend teilt sich die Klasse in Erkundungsgruppen, um die Angebote vor Ort in die Preisermittlungslisten einzutragen.

Um die Vorbereitungen des Einkaufs abzuschließen, müssen die erhaltenen Ergebnisse vergleichbar gemacht werden. Dies erfolgt durch Errechnen des Gesamtpreises jedes Anbieters.

Beim Versandhandel kommen eventuell noch Versandkosten hinzu. Sie können das Verpackungsmaterial und die Paketgebühren beinhalten.

Wenn ihr euch für einen Anbieter entschieden habt, sind nur noch ein paar Aufgaben durch einzelne Schüler oder euren Lehrer zu erledigen:
– Wer fertigt den Einkaufszettel oder Bestellschein an?
– Wer fragt z. B. den Hausmeister, ob er den Einkauf und Transport übernimmt?
– Wer kontrolliert Menge und Qualität der erhaltenen Ware?

Die Bezahlung könnte als Barzahlung oder als Überweisung erfolgen. In der Schule ist dafür euer Fachlehrer zuständig.

So machen es die Betriebe

Betriebliche Produktionsprozesse funktionieren nur, wenn diese von außen versorgt werden (Input). Nachdem dieser Input direkt oder indirekt in das Produkt eingegangen ist, werden die hergestellten Produkte angeboten und verkauft, so dass sie den betrieblichen Prozess verlassen (Output).

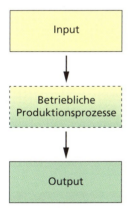

1 Allgemeine Darstellung betrieblicher Prozesse

Zum Input gehört das Beschaffen von **Betriebsmitteln** (Gebäude, Maschinen, Geräte und Werkzeuge), von Arbeitskräften, Werkstoffen und von Geld. Von allem sollte ständig genügend vorhanden sein, damit die laufende Produktion nicht ins Stocken gerät. Fehlt z. B. Geld, so kann der Betrieb nicht genügend neue Werkstoffe einkaufen.

Materialauswahl und Umweltschutz

Bei der Auswahl des Holzleims und der Anstrichstoffe kann man nicht nur nach dem günstigsten Preis entscheiden. Hier gibt es große Unterschiede in den Produktmerkmalen. Diese sind in der Produktbeschreibung auf der Verpackung angegeben. Lest sie euch genau durch und macht euch dazu Notizen!

Beim Holzleim gibt es verschiedene Qualitäten. So kann man „Holzleim", „Holzleim Express" oder „Holzleim wasserfest" in den Regalen finden.

Bei den Anstrichstoffen kann man in der Produktbeschreibung lesen, dass sie Lösemittel enthalten oder mit Wasser verdünnbar sind (Wasserbasis).

Einige Dosen besitzen ein Warenkennzeichen auf der Verpackung. Das Umweltzeichen **Blauer Engel** mit dem Zusatz „schadstoffarm" ist ein solches Warenkennzeichen. Dies sind Anstrichstoffe, die besonders umweltfreundlich in der Herstellung und im Gebrauch sind.

Aber Achtung! Produkte mit aufgedruckten Begriffen wie „Naturprodukt" müssen nicht zwangsläufig ökologisch hergestellt sein. Es gibt auch Produktbeschreibungen mit dem Hinweis, dass der Anstrichstoff nicht in Kinderhände gelangen darf. Solche Anstrichstoffe sind für unsere Zwecke nicht geeignet!

Entscheidet ihr euch bewusst für einen umweltgerechten Anstrichstoff, so kann dies für euren SOMA-Würfel verkaufsfördernd sein. Außerdem leistet ihr als Hersteller einen aktiven Beitrag zum Umweltschutz.

Ein wichtiges Aufgabenfeld der **Beschaffung** ist die rechtzeitige, ausreichende und kostengünstige Bereitstellung von Werkstoffen. Hierzu sind vor allem:

– die optimale Auswahl der Lieferanten,
– die ständigen Kontrollen von Menge und Qualität der angelieferten Werkstoffe,
– ein laufender Preisvergleich,
– das Anpassen der Bestellmengen an möglichst kurze Lagerzeiten,
– die intensive Suche nach Neuheiten, insbesondere nach umweltfreundlich erzeugten Werkstoffen, sowie
– die Anlieferung in Mehrwegverpackungen notwendig.

> **M** Die Beschaffung ist ein betrieblicher Funktionsbereich, der die Bereitstellung von Betriebsmitteln, Arbeitskräften, Werkstoffen und Geld zur Aufgabe hat.

Oft ist es insbesondere durch die Menge an beschafften Werkstoffen notwendig, diese zu lagern. Nicht in jedem Fall können die entgegengenommenen Werkstoffe sofort vollständig verarbeitet werden. Gleichfalls können die Fertigprodukte nicht einzeln in den Handel gelangen. Jeder Betrieb hält also eine bestimmte Menge an Werkstoffen und Fertigprodukten bereit.

> **M** Die Lagerhaltung ist ein betrieblicher Funktionsbereich, der Werkstoffe und Fertigprodukte vorrätig hält.

Die **Lagerhaltung** von **Werkstoffen** und **Fertigprodukten** ist für den Betrieb sehr bedeutsam. Dies sollen die nachfolgenden Aussagen bekräftigen.

Beispiel 1: Eine Lieferung trifft nicht rechtzeitig ein, die Produktion müsste angehalten werden.

Beispiel 2: Ein kurzfristiger Großauftrag könnte nicht erfüllt werden, weil die benötigten Werkstoffe nicht vorrätig sind.

> **M** Die Lagerhaltung von Werkstoffen besitzt eine Ausgleichs- und Speicherfunktion.

Beispiel 3: Die größeren Fischereibetriebe in Mecklenburg-Vorpommern frieren einen Teil des gefangenen Frischfisches in der Hochsaison ein, um ihn später mit höherem Gewinn verkaufen zu können.

Das funktioniert deshalb, weil es außerhalb der Hauptfangsaison weniger fangfrischen Fisch gibt, so dass die Fischpreise steigen (weniger Fisch = höherer Preis).

Beispiel 4: Der Betrieb kann größere Produktmengen bei sehr kurzen Lieferzeiten anbieten. Dies stärkt seine Position bei Verhandlungen mit Geschäftspartnern.

> **M** Die Lagerhaltung von Fertigprodukten besitzt eine Spekulations- und Pufferfunktion.

1 Lagerhaltung von Futter in Silos

2 Fischfang

5.2 Ausgewählte Fertigungsver-fahren und -prinzipien

Beim Aufstellen des Arbeitsplanes im Abschnitt 4.2 haben wir einen Überblick über die Verfahrens-hauptgruppen erhalten. Anschließend konnten wir auswählen, welche **Fertigungsverfahren** zum Herstellen des SOMA-Würfels günstig sind. Für unsere Produktherstellung benötigen wir ausführ-liche Informationen zum Anreißen und zu den nachfolgenden Fertigungsverfahren.

Arbeitsmethode „Anreißen"

Vorgang Längenmaße anreißen:

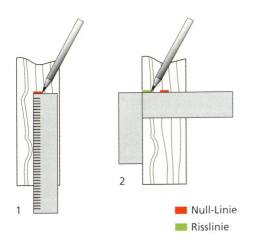

1

2

🟥 Null-Linie
🟩 Risslinie

Benötigte Arbeitsmittel:

1 Bleistift, Stahlmaßstab, Anschlagwinkel

M Anreißen ist das Übertragen von Maßen der Fertigungszeichnung auf das Werkstück durch deren Kennzeichnung.

Tipps zum Anreißen:

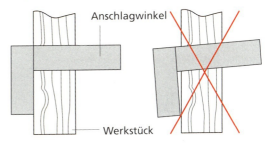

Anschlagwinkel

Werkstück

1. Lege den Anschlagwinkel parallel zur Werk-stückkante an!
2. Verwende nur Bleistifte mit spitzer Mine!
3. Reiße immer ohne anzuhalten von links nach rechts an!

4. Halte den Bleistift geneigt und in Rissrichtung!

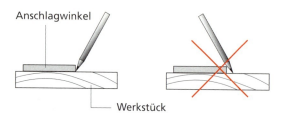

5. Setze den Bleistift immer so an, dass die Spitze am Anschlagwinkel liegt!
6. Kontrolliere abschließend deine Risslinie auf Maßhaltig- und Winkligkeit!

Arbeitsmethode „Sägen"

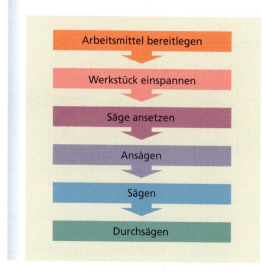

Vorgang beim Sägen:

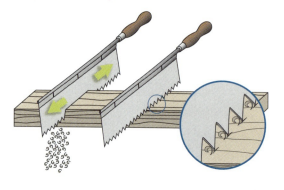

Die keilförmigen Sägezähne ritzen das viel weichere Werkstück an den Wirkstellen auf, so dass kleine Werkstoffteilchen, die Späne, vom Werkstück getrennt werden.

Durch die mehrmalige Hin- und Herbewegung entsteht eine Schnittfuge, die immer tiefer wird, bis das Werkstück in zwei Teile getrennt ist.

Benötigte Arbeitsmittel:

1 Feinsäge, Schraubstock und Sägelade

M **Sägen** ist ein **Trennverfahren,** bei dem durch Hin- und Herbewegen aneinander gereihter keilförmiger Sägezähne eine Schnittfuge entsteht.

Tipps zum Sägen:

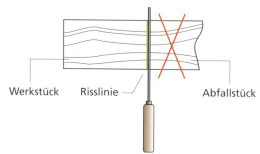

1. Setze die Säge immer im Abfallstück neben der Risslinie an!
2. Stelle dich so vor das Werkstück, dass du genügend Bewegungsfreiheit im Arm-Körper-Bereich hast!
3. Ziehe zu Beginn die Säge mehrfach über die dir gegenüberliegende Werkstückkante, damit eine kleine Schnittfuge entsteht (Ansägen)!

4. Benutze unbedingt einen Hartholzklotz als Führungshilfe beim Ansägen!
5. Beginne mit dem Sägen, wenn die kleine Schnittfuge eine Hin- und Her-bewegung erlaubt!
6. Halte die Säge gerade und führe sie gleich-mäßig!

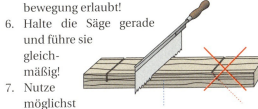

7. Nutze möglichst die gesamte Länge des Sägeblattes beim Sägen!
8. Säge langsamer und halte das Abfallstück gut fest, wenn das Material fast getrennt ist!
9. Vergewissere dich, dass nach Beendigung des Sägevorganges die Risslinie vollständig sicht-bar ist!
10. Spanne das Werkstück mit der Risslinie mög-lichst nahe am Schraubstockbackenrand an, um ein Federn des Werkstückes zu vermei-den!
11. Spanne beim Sägen mit der **Sägelade** diese in den Schraubstock ein!
12. Befestige die **Gehrungssäge** beim Sägen an der Werkbank!

1 Gehrungssäge

Arbeitsmethode „Schleifen"

Vorgang beim Schleifen:

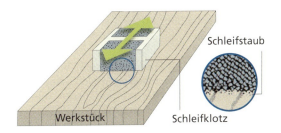

Eine Vielzahl keilförmiger Schleifkörner ritzen den viel weicheren Werkstoff an den Wirkstellen auf, so dass sehr kleine Werkstoffteilchen, das Schleifmehl, vom Werkstück getrennt werden. Dabei bestimmt die Größe der Schleifkörner die erzielte Glätte der Oberfläche des Werkstücks.

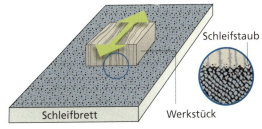

Je kleiner die Schleifkörner sind, desto glatter wird die Oberfläche.

Durch ein mehrmaliges Hin- und Herbewegen des Werkstücks oder des Schleifmittels entsteht eine ebene Oberfläche.

Benötigte Arbeitsmittel:

1 Schleifbrett mit Anschlag

Schleifbrett 60er-Korn
Schleifbrett 120er-Korn
Schleifvorrichtung Stirnschleifen 60er-Korn
Schleifklotz mit
– Schleifpapier 60er-Korn
– Schleifpapier 120er-Korn

> **M** **Schleifen** ist ein **Trennverfahren,** bei dem durch Hin- und Herbewegen einer Vielzahl kleiner keilförmiger Schleifkörper eine ebene Oberfläche am Werkstück entsteht.

Tipps zum Schleifen:

1. Schleife immer mit gleichmäßigem, leichtem Druck!
2. Benutze 60er-Korn zum Grobschliff!
3. Wende den Grobschliff an, um die Maßhaltigkeit am Werkstück zu erzielen!
4. Führe den Grobschliff in Faserrichtung aus!

2 Schleifvorrichtung

5. Prüfe und messe während des Grobschliffs immer wieder!
6. Benutze 120er-Korn zum Feinschliff!
7. Wende den Feinschliff an, um glatte Oberflächen und gebrochene Kanten zu erzielen!
8. Führe den Feinschliff längs und quer zur Faserrichtung aus!
9. Benutze zum Schleifen des Hirnholzes eine Vorrichtung oder schleife von außen nach innen!
10. Bürste vorhandenes Schleifmehl am Werkstück aus oder wische es mit einem Lappen weg!
11. Verbessere die Oberflächengüte durch Wässern des Werkstückes mit einem Schwamm! Trockne anschließend und führe dann erneut den Feinschliff durch!

Arbeitsmethode „Kleben"

Arbeitsmittel bereitlegen

Klebeflächen prüfen

Holzleim auftragen

Klebeteile anpressen

Klebestelle säubern

Vorgang beim Kleben von Holz:

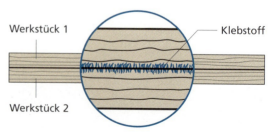

Werkstück 1

Klebstoff

Werkstück 2

Der typische Klebstoff zum Kleben von Holz ist Holzleim. Nach dem Auftragen des Holzleimes auf die Holzoberfläche entziehen die Holzfasern dem Leim Flüssigkeit, so dass der Leim in die Poren dringen kann. Anschließend härtet der Holzleim aus. Es entsteht eine unlösbare Verbindung.

Benötigte Arbeitsmittel:

1 Klebeflasche, Spatel und Klebeplatte

Zum Pressen der Teile benutzt man Schraubstock, Leim- oder Schraubzwinge.

 Kleben ist ein **Fügeverfahren,** bei dem der Klebstoff zwei oder mehrere Werkstücke verbindet und dabei unlösbar aushärtet.

Tipps zum Kleben:

1. Achte darauf, dass Klebeflächen trocken, staub- und fettfrei sein müssen!
2. Prüfe vor dem Kleben die Passgenauigkeit der zu verbindenden Teile!
3. Verteile den Holzleim mit dem Spatel gleichmäßig dünn auf die beiden Verbindungsflächen!
4. Achte beim Pressen darauf, dass sich die beiden Verbindungsteile nicht verschieben!
5. Entferne austretenden Leim sofort mit dem Spatel oder einem Lappen!
6. Spanne bei Benutzung eines Schraubstockes das geklebte Werkstück mittig ein!

Arbeitsmethode „Anstreichen"

Vorgang beim Anstreichen:

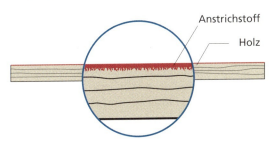

Nach dem Auftragen des Anstrichstoffes auf die Holzoberfläche entziehen die Holzfasern dem Anstrichstoff Flüssigkeit, so dass dieser in die Poren eindringt. Anschließend härtet der Anstrichstoff aus und bildet eine geschlossene Schutzschicht.

Benötigte Arbeitsmittel:

2 Anstrichstoff, Pinsel und Ablage

M **Anstreichen** ist ein **Beschichtungsverfahren,** bei dem ein formloser Stoff auf das Werkstück aufgetragen wird, um anschließend auszuhärten, so dass eine Schutzschicht entsteht.

Tipps zum Anstreichen:

1. Achte darauf, dass die Anstrichflächen glatt geschliffen, trocken und absolut staub- und fettfrei sein müssen!
2. Tauche den Pinsel zu etwa 1/4 in den Anstrichstoff und streiche ihn anschließend am Dosenrand ab!
3. Verteile den Anstrichstoff gleichmäßig in Faserrichtung und quer dazu!
4. Trage den Anstrichstoff dünn auf!
5. Verstreiche entdeckte Farbnasen sofort!
6. Stelle nach erfolgtem Anstrich das Werkstück so auf eine Ablage, dass der Anstrichstoff keinen Kontakt mit der Ablage bekommen kann! So vermeidest du ein Verkleben.
7. Streiche den Pinsel aus und säubere ihn!
8. Bewahre den Pinsel nicht auf den Borsten stehend auf!
9. Schleife vor dem Zweitanstrich die Werkstückflächen mit 120er-Korn leicht an, um eine glatte Oberfläche zu erzielen!

Fertigungsverfahren in Betrieben

Betriebe müssen schnell und mit geringem Aufwand Produkte herstellen. Deshalb werden Fertigungsverfahren maschinell ausgeführt. Für das Sägen werden z. B. Bandsägen, Kappsägen und Kreissägen eingesetzt.

Natürlich beschränken sich die Betriebe nicht auf die fünf Fertigungsverfahren, die in diesem Kapitel ausführlicher vorgestellt wurden. Für die Holzbearbeitung muss ein Tischler auch bohren, fräsen, schrauben, nageln, klemmen, beizen und lackieren.

Im Gegensatz zum Holz sind beim Metall aufgrund der speziellen Stoffeigenschaften eine Reihe weiterer Fertigungsverfahren notwendig.

1 Fertigung eines Schiffspropellers in der Mecklenburger Metallguss GmbH in Waren

Typische Bereiche der **Metallbearbeitung** in Mecklenburg-Vorpommern sind der **Schiffbau** und die **Schiffreparatur.**
Schiffspropeller sind ein wichtiger Bestandteil des Antriebssystems. Sie besitzen eine unregelmäßige Form und sind bei alleiniger Anwendung von Trennverfahren nur sehr aufwändig herzustellen. Deshalb wird das **Urformverfahren Gießen** angewandt.

M Beim Gießen wird ein schmelzflüssiger Werkstoff in eine Hohlform gebracht. Anschließend erstarrt dieser, so dass er die Form des Hohlraumes annimmt.

Da nicht sehr viele Schiffspropeller eines Typs benötigt werden, verwendet man das Sandformgießen. Dabei wird die Gießform, die aus Formsand besteht, nach dem Gießvorgang zerstört.

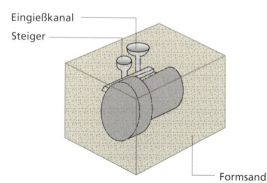

Eingießkanal

Steiger

Formsand

2 Sandformguss

Für den Bau eines Schiffsrumpfes benötigt man Stahlplatten. Diese werden durch das **Umformverfahren Walzen** aus gegossenen Metallblöcken hergestellt.

> **M** Beim Walzen wird ein plastischer Werkstoff durch sich entgegengesetzt drehende Zylinder gedrückt.

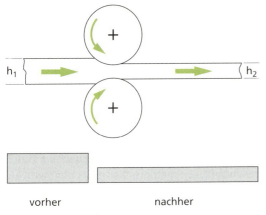

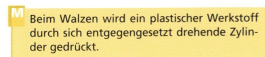

vorher   nachher

1 Prinzip des Walzens

Dabei ist der Spalt zwischen den beiden Zylindern kleiner als die Höhe des Walzgutes. Das Volumen des Walzgutes bleibt konstant, denn es werden keine Stoffteilchen hinzugefügt oder abgetrennt.

Der Walzvorgang wiederholt sich mehrfach, bis die erforderliche Dicke des Bleches erreicht ist. Dazu durchläuft das Walzgut nacheinander Walzenpaare mit einem ständig bis zur Enddicke abnehmenden Abstand der Walzen. Die gesamte Anordnung der Walzen bezeichnet man auch als Walzstraße in einem Walzwerk.

Um die Blechplatten, im Schiffbau Paneele genannt, zu einem Schiffskörper miteinander zu verbinden, wird das **Fügeverfahren Schweißen** in den Werften angewendet.

> **M** Beim Schweißen werden zwei Werkstücke an der Verbindungsstelle durch Erwärmung unter Zugabe eines Zusatzwerkstoffes miteinander verschmolzen.

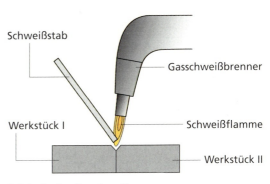

2 Prinzip des Gasschweißens

Im Schiffbau verwendet man je nach Anwendungsfall Gas-, Schutzgas- und Lichtbogenschweißen. Die Verfahren können auch von Robotern ausgeführt werden.

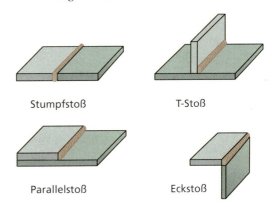

Stumpfstoß   T-Stoß

Parallelstoß   Eckstoß

3 Stoßarten beim Schweißen

Nicht alle Paneele können sofort miteinander verschweißt werden. Ein Teil muss an die Schiffsform angepasst und entsprechend zugeschnitten werden. Dies kann durch das **spanlose Trennverfahren Brennschneiden** erfolgen.

> **M** Beim Brennschneiden wirkt eine sehr heiße Flamme auf eine begrenzt kleine Fläche des Werkstücks ein und trennt es.

Dabei wird die Brennstelle zunächst erwärmt. Nach kurzer Zeit werden die Werkstoffteilchen zähflüssig und durch den austretenden Flammendruck aus der Fuge gedrückt. Die Fuge wird tiefer, bis das Blech durchtrennt ist.

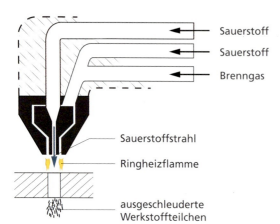

1 Prinzip des Brennschneidens

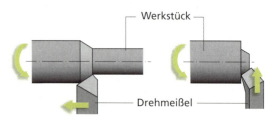

3 Längs- und Plandrehen

Im Laufe der Zeit hat sich das Brennschneiden stark gewandelt. Es erfolgt heute in den Werften durchgehend computergesteuert. Die modernste Form ist das Plasmaschneiden. Es kann sogar unter Wasser ausgeführt werden.

Die in Schiffen eingebauten Motoren können eine beachtliche Größe erreichen. Ein wichtiges Teil des Motors ist der Kolben. Dieser besitzt eine zylindrische Form. Deshalb wird das **spanende Trennverfahren Drehen** eingesetzt, um den festgelegten Durchmesser zu erhalten.

Der Drehmeißel kann längs zur Drehachse des Werkstücks bewegt werden (Längsdrehen). Ebenso kann er aber auch quer zur Drehachse bewegt werden (Plandrehen). Dafür gibt es Drehmeißel mit verschiedenen Schneidkopfformen.

Da sehr viele Schiffsteile dem Meerwasser, Meersalz und Regen ausgesetzt sind, ist die dauerhafte **Beschichtung** der Metallteile sehr wichtig. Durch das Aufbringen mehrerer Farbschichten wird ein Rosten verhindert.

4 Farbspritzen (AKER MTW Werft GmbH Wismar)

> **M** Beim Beschichten wird eine fest haftende Schicht auf ein Werkstück aufgebracht.

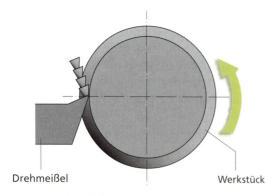

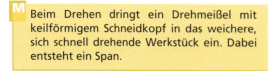

2 Vorgang beim Drehen

> **M** Beim Drehen dringt ein Drehmeißel mit keilförmigem Schneidkopf in das weichere, sich schnell drehende Werkstück ein. Dabei entsteht ein Span.

Als Verfahren kommen oft Streichen, Rollen, Spritzen und Tauchen zum Einsatz. Die drei zuerst genannten Arbeitstechniken nutzt man vor allem für großflächige Werkstücke, das Tauchen hingegen bei kleineren Werkstücken mit unregelmäßigen Formen.

Fertigungsprinzipien in Betrieben

Für eine kostengünstige Produktion ist neben der Wahl der optimalen Fertigungsverfahren auch die Organisation des Fertigungsablaufes bedeutsam. Diese ist vor allem durch eine gezielte Anordnung der Betriebsmittel und die effektive Weitergabe der unfertigen Produkte gekennzeichnet. Dabei gibt es mehrere Fertigungsprinzipien.

> **M** Fertigungsprinzipien bezeichnen die räumliche Anordnung der Betriebsmittel und den damit verbundenen Fertigungsablauf der Produkte.

2 Anordnung der Produktionshallen bei der AKER MTW Werft GmbH Wismar

Die **Werkbankfertigung** findet insbesondere bei geringen Stückzahlen und kleinen unregelmäßig gestalteten Produkten Anwendung. Sie ist daher vorwiegend im Handwerk und in der Kleinindustrie anzutreffen.

1 Werkbankfertigung (Werkstattraum)

Dabei werden alle Arbeitsgänge in Einzelarbeit durch vielseitig ausgebildete Mitarbeiter in einem Werkstattraum ausgeführt. Notwendige Werkzeuge, Vorrichtungen und Maschinen befinden sich gleichfalls dort. Jeder Mitarbeiter ist für sein Produkt allein verantwortlich.

Bei der **Werkstättenfertigung** durchlaufen die einzelnen Werkstücke mehrere Werkstätten, in denen jeweils gleichartige Arbeitsgänge ausge-

führt werden. Die dort arbeitenden Mitarbeiter sind hoch spezialisiert. Sie sind für die nachfolgenden Arbeitsgänge nicht verantwortlich. Um die Transportwege so kurz wie möglich zu halten, sollte die Lage der Werkstätten dem Fertigungsablauf angepasst sein.

Bei der **Fließfertigung** sind die Maschinen und Arbeitsplätze in einem Raum so angeordnet, dass eine genaue Aufeinanderfolge eingehalten wird. Der Werkstücktransport kann durch ein Fließband erfolgen. Die Beschäftigten führen oft nur wenige Arbeitsschritte aus. Diese aber mit erstaunlicher Genauigkeit und Schnelligkeit. Wie bei anderen Fertigungsprinzipien gibt es auch bei der Fließfertigung verschiedene Varianten. Nach dem Grad der Automatisierung unterscheidet man Reihen-, Fließband- und Transferstraßenfertigung.

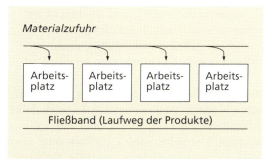

3 Fließfertigung

5.3 Unfallverhütung und Umweltschutz

Das Herstellen von Gegenständen ist immer mit der Frage verbunden, wie wir dies gefahrlos tun können. Wir arbeiten mit scharfkantigen Werkzeugen, haben Umgang mit Staub, Spänen und unter Umständen auch mit gesundheitsgefährdenden Stoffen.

Was ist also zu beachten, um Unfälle und Belastungen für den Körper und die Umwelt zu vermeiden?

Allgemeine Regeln der Unfallverhütung

1 Eine Gefahrenquelle: Unordnung am Arbeitsplatz

Die Regeln sind in der Werkraum- oder Werkstattordnung festgelegt. Jährlich werden hierzu Belehrungen durchgeführt. Eine Vielzahl der Regeln sind euch aus dem Werkunterricht bereits bekannt. Die wichtigsten Regeln sind:

– Nimm vor der Arbeit Uhr und Schmuck ab!
– Benutze nie beschädigtes Werkzeug!
– Lege alle Arbeitsmittel unfallsicher ab!
– Sorge ständig für Ordnung am Arbeitsplatz!

Diese aufgestellten Regeln sind für jede Unterrichtsstunde im Werkraum gültig. Es spielt dabei keine Rolle, ob Holz, Metall oder ein anderer Werkstoff bearbeitet wird. Zusätzlich birgt aber jedes Fertigungsverfahren spezielle Gefahren. Diese müssen vermieden werden. Wir beziehen uns hierbei nur auf die im Abschnitt 5.2 beschriebenen Fertigungsverfahren der Holzbearbeitung.

Unfallverhütung beim Anreißen

– Benutze Anreißwerkzeuge nur zum Anreißen!
– Lege Stahlmaßstab und Anschlagwinkel während der Arbeit getrennt vom übrigen Werkzeug ab!
– Lagere Stahlmaßstab und Anschlagwinkel nach der Arbeit getrennt vom übrigen Werkzeug, um Beschädigungen zu vermeiden!
– Hebe die Anreißwerkzeuge nie in Augenhöhe!

2 Ausgewählte Maßnahmen der Unfallverhütung

Unfallverhütung beim Sägen

Überprüfe vor dem Sägen das Werkzeug gründlich!
– Sitzt der Griff fest?
– Wackelt das Sägeblatt nicht?
– Besitzt die Säge keine Beschädigungen?
– Versichere dich, dass das Werkstück fest eingespannt ist!

Übe größte Vorsicht beim Sägen!
– Führe das Ansägen ruhig aus!
– Halte beim Durchsägen den nicht eingespannten Teil fest und übe nur einen leichten Druck mit der Säge auf das Werkstück aus!

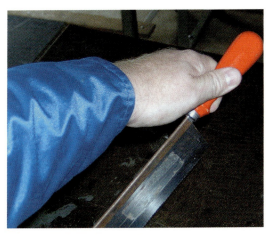

1 Richtige Übergabe einer Säge

– Berühre die Sägeflächen des Werkstücks nicht mit den Fingern!
– Entferne Späne grundsätzlich mit dem Handbesen!
– Lege nach dem Sägevorgang die Säge vorsichtig ab!
– Übergebe die Feinsäge einem Mitschüler immer so, dass der Griff zum Mitschüler zeigt!
– Schließe den Schraubstock nach erfolgter Arbeit so, dass ein kleiner Spalt zwischen den Spannbacken bleibt!
– Achte darauf, dass der Knebel des Schraubstockes während der Nichtbenutzung immer eine genau senkrechte Position besitzt!
– Befestige bei Verwendung einer Gehrungssäge diese an der Tischplatte!
– Verlasse den Arbeitsplatz der Gehrungssäge nach erfolgter Arbeit unverzüglich!

Unfallverhütung und Gesundheitsschutz beim Schleifen

– Berühre mit deiner Haut beim Schleifen von kleinen Werkstücken nicht die Schleifmitteloberfläche!
– Halte kleine Werkstücke gut fest!
– Befestige das Schleifbrett oder die Schleifvorrichtung, wenn sie während des Schleifens rutscht! Benutze dazu Schraubzwingen!
– Puste niemals Schleifmehl weg! Benutze dazu einen Handbesen!

– Lass die Fenster öffnen, wenn sehr viele Mitschüler gleichzeitig schleifen!
– Wende beim Stirnschleifen ohne Vorrichtung nie eine große Druckkraft auf, da du abrutschen kannst!

Unfallverhütung und Gesundheitsschutz beim Kleben

– Sorge für gute Durchlüftung, aber vermeide Zugluft!
– Bringe niemals Klebstoffe mit den Augen in Berührung!
– Verwende zum Auftragen immer einen Spatel!
– Schließe den Klebstoffbehälter sofort nach Gebrauch!
– Entferne sofort überschüssigen Klebstoff!

Unfallverhütung und Gesundheitsschutz beim Anstreichen

– Sorge für eine gute Durchlüftung, aber vermeide Zugluft!
– Arbeite beim Anstreichen grundsätzlich mit einer Ablageplatte!
– Bringe niemals Anstrichmittel mit den Augen in Berührung!
– Stelle die Anstrichstoffbehälter grundsätzlich in der Mitte des Tisches auf!
– Schließe den Behälter nach Gebrauch!
– Entferne sofort überschüssige Reste des Anstrichstoffes!
– Säubere umgehend den Pinsel!

2 Schleifmehl abfegen

Beiträge zum Umweltschutz

Zu Beginn des Kapitels haben wir gelernt, dass man schon beim **Einkauf** einen wichtigen Beitrag zum Umweltschutz leisten kann. Wichtige Informationen über die Zusammensetzung der Produkte sind auf den Verpackungen angegeben. Kleb- und Anstrichstoffe sollten keine Lösemittel enthalten. Diese belasten die Umwelt. Damit sind die Möglichkeiten zum umweltgerechten Produzieren aber noch nicht erschöpft.

Während der **Produktherstellung** muss man sehr gewissenhaft arbeiten. Alle SOMA-Einzelteile sollen nach ihrer Fertigung zusammenpassen. Wurde z. B. nicht genau angerissen, so entsteht ein Teil, dass nicht weiter verwendet werden kann. Die Fachleute nennen solche Teile Ausschuss.

Bei entstandenem **Ausschuss** benötigt man immer zusätzlichen Rohstoff. Dieser muss der Natur entnommen werden. Das bedeutet einen Eingriff in die Natur, sie wird stärker belastet.

 Die Verschwendung von Werkstoffen, Wasser und Energie ist nie umweltfreundlich.

Umweltgerechte Produktion des SOMA-Würfels

Beschaffung von:	– lösemittelfreiem Holzleim – lösemittelfreien Anstrichstoffen – heimischen Werkstoffen
Während der Produktion durch:	– Vermeidung von Ausschuss – sparsamen Umgang mit Energie
Nach der Produktion durch:	– Restverwertung – Abfalltrennung – Erfassung des Sondermülls

Auch nach erfolgter Arbeit kann man einen wichtigen Beitrag zum Umweltschutz leisten. Dies wird besonders bei der Entsorgung von Abfällen deutlich. Müssen alle Leistenreste wirklich in den Müll? Das kleinste zu sägende Teil ist nur 20 mm lang, dieses kann aus Resten gefertigt werden!

Ein weiteres Umweltproblem kann die **Entsorgung** der chemischen Werkstoffe darstellen. Reste von Leim und Anstrichstoffen sind Sondermüll und müssen als solcher behandelt werden.

Dazu wird der nicht restentleerte Behälter längere Zeit offen stehen gelassen, bis der Inhalt eingetrocknet ist. Erst dann können die Behälter in den speziellen Annahmestellen für Sondermüll abgegeben werden.

 Eine umweltgerechte Produktion setzt ein umweltbewusstes Handeln bei der Beschaffung, Herstellung und Entsorgung voraus.

Es gibt immer wieder Schüler mit der Meinung, die beschriebenen Maßnahmen sind nur Kleinigkeiten und deshalb unwichtig.

Wenn sich aber mehr als sechs Milliarden Menschen ausschließlich umweltfeindlich verhielten, dann wäre dies wirklich schlimm.

Man stelle sich den Berg halb leerer Leimflaschen aus Plastwerkstoffen vor, welcher entsteht, wenn nur jeder tausendste Bewohner der Erde einmal in seinem Leben eine solche Flasche in die Natur wirft. Es sind auch dann noch sechs Millionen Flaschen oder 12 000 Badewannen voller Unrat.

Umweltschutz ist immer wichtig, denn wir brauchen eine gesunde Natur zum Leben!

1 Verschmutzung des Waldes

Aufgaben

Kapitel 5.1

6. a) Erläutere den Unterschied von Roh- und Hilfsstoffen!
   b) Gib mögliche Roh- und Hilfsstoffe der Einzelteile eines Fahrrades an!
   Lösungsbeispiel: Stahl (z. B. Rahmen)

7. Stelle einen Steckbrief zur Gemeinen Kiefer und deren Holz zusammen! Benutze Fachliteratur, Lexika oder das Internet!

8. Ermittle mögliche Bezugsquellen für den Versand von Leisten, Holzleim und Anstrichstoffen, deren Anschrift, Telefonnummer und die Versandkosten! Suche im Internet und frage deinen Lehrer nach Katalogen!

9. a) Fertige eine Preisermittlungsliste nach dem Muster von S. 112 an!
   b) Ermittle Preisangebote und ähnliche Werkstoffe in einer vom Lehrer vorgegebenen Bezugsquelle!
   c) Errechne den Gesamtpreis aus b)!

10. Worin besteht der Unterschied zwischen „Holzleim", „Holzleim Express" und „Holzleim wasserfest"?

11. Stelle ein Informationsblatt zum Warenkennzeichen „Blauer Engel" mithilfe des Internets (www.blauer-engel.de) zusammen!

12. Erläutere, welchen Input betriebliche Produktionsprozesse benötigen!

13. Warum ist die Lagerhaltung von Werkstoffen und Fertigprodukten notwendig?

Kapitel 5.2

14. Bereite einen Kurzvortrag
    a) zum Anreißen,
    b) zum Sägen,
    c) zum Schleifen,
    d) zum Kleben und
    e) zum Anstreichen vor!

15. Stelle die geschichtliche Entwicklung der Mecklenburger Metallguss GmbH aus Waren (Müritz) unter Verwendung von Informationen aus dem Internet dar!

16. Erläutere den Ablauf beim Sandformgießen! Verwende auch www.schülerlexikon.de!

17. Erläutere den Vorgang des Walzens unter Einbeziehung der Ausgangs- und Endform!

18. Stelle Informationen zum Schweißen als Schaubild auf einer DIN-A4-Seite zusammen!

19. Stelle die geschichtliche Entwicklung der Rostocker Maschinenbau und Technologie GmbH unter Verwendung von Informationen aus dem Internet dar!

20. Stelle drei Fertigungsprinzipien in einer Tabelle gegenüber!

Kapitel 5.3

21. Ergänze die Werkraumordnung durch mindestens sechs weitere einzuhaltende Regeln!

22. Gib Möglichkeiten der umweltgerechten Produktion in einem landwirtschaftlichen Betrieb an!

23. Gib Maßnahmen des Umweltschutzes im Haushalt an!

Das Wichtigste im Überblick

Fertigungsverfahren der Betriebe

Ausgewählte Fertigungsverfahren der Metallbearbeitung	
Verfahrenshauptgruppe	**Fertigungsverfahren**
Urformen	Gießen
Umformen	Biegen Walzen
Trennen	Brennschneiden Plasmaschneiden Drehen Sägen Feilen Bohren
Fügen	Schweißen Löten Verschrauben Nieten
Beschichten	Anstreichen Rollen Spritzen Tauchen
Stoffeigenschaften ändern	Legieren

Darstellung betrieblicher Prozesse

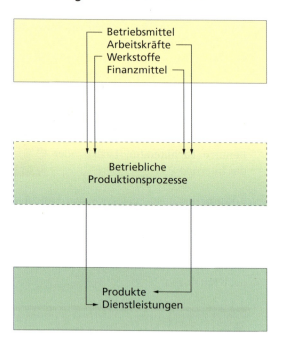

Maßnahmen der Produktüberwachung

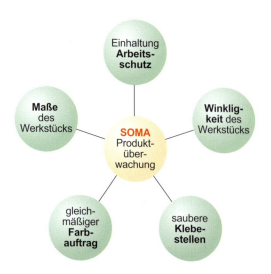

Phasen der Beschaffung

Mediengestalter/in für Digital- und Printmedien

Voraussetzungen sind:

– Sprachbeherrschung und logisches Denken,
– Kontakt- und Teamfähigkeit,
– Ideenreichtum,
– gute Leistungen in Informatik, Kunst, Deutsch und AWT.

Was?

Mediengestalter/innen beraten ihre Kunden produktbezogen und erarbeiten Gestaltungskonzepte, die verschiedene Medien umfassen können. Sie gestalten Broschüren, Printbeilagen, Zeitschriften, Videos und CD-ROMs.

Womit?

Für die Erstellung der Medienprodukte werden heute Computer verwendet, die auf verschiedene Datenbanken zugreifen. Mediengestalter/innen arbeiten eng mit Fotografen und Grafikern zusammen.

Wo?

Mediengestalter/innen arbeiten in Unternehmen der Informationsverarbeitung, wie z. B. Werbe- und Multimedia-Agenturen, in Werbestudios und Verlagen.

Kaufmann/frau im Einzelhandel

Voraussetzungen sind:

– Sprachbeherrschung und Kontaktfähigkeit,
– körperliche Leistungsfähigkeit,
– logisches Denken,
– Gewissenhaftigkeit,
– gute Leistungen in Deutsch, Mathematik und AWT.

Was?

Kaufmänner/frauen bestellen Waren des täglichen Bedarfs, nehmen sie entgegen, räumen diese in Regale, preisen aus und verkaufen sie. Geldbestände werden abgerechnet, Kunden fachgerecht beraten und höflich bedient.

Womit?

Kaufmänner/frauen arbeiten mit Hubwagen, Rollpaletten, Kartonmesser, Registrierwaagen und -kassen sowie mobilen Datenerfassungsgeräten für die Bestandskontrolle.

Wo?

Sie arbeiten in mobilen und festen Verkaufseinrichtungen, wie Marktständen, Kaufhallen und Fachgeschäften.

6.1 Markt und Marktpreis

Nachdem wir im vorangegangenen Kapitel die Herstellung der Produkte abgeschlossen haben, sollen diese nun verkauft werden. Spontan fallen uns dazu folgende Fragen ein:

– Wann wollen wir unser Produkt verkaufen?
– Wo wollen wir unser Produkt verkaufen?
– Zu welchem Preis wollen wir unser Produkt anbieten?
– Welche Zielgruppe möchten wir besonders ansprechen?

Der erfolgreiche Verkauf der Produkte entscheidet darüber, ob man für seine Arbeit belohnt wird. Nicht verkaufte Produkte haben für den Produzenten weit reichende Folgen; die Finanzierung der laufenden Produktion gestaltet sich zunehmend schwieriger, und die Kosten steigen insgesamt. Der Produzent kann also nicht unendlich lange auf die Einnahmen aus dem Verkauf verzichten.

Daher sollten wir zunächst diese Frage in den Mittelpunkt rücken: Was müssen wir wissen, um erfolgreich zu verkaufen?

Angebot und Nachfrage

Damit unsere Verkäuferinnen und Verkäufer die erzeugten Produkte verkaufen können, sind Interessenten und ein Handelsort notwendig. Es gibt also zunächst drei wichtige Bedingungen, die erfüllt sein müssen, damit ein Handel zustande kommen kann:

– Personen, die etwas kaufen wollen,
– Personen, die etwas verkaufen wollen,
– einen Ort, wo sich Verkäufer und Käufer treffen.

Die Abbildung 1 verdeutlicht aber nicht alles. **Verkäufer** und **Käufer** müssen neben dem zeitlichen Aufeinandertreffen auf dem Markt, in der Kaufhalle oder anderen Handelsorten noch jeweils eine weitere Voraussetzung erfüllen.

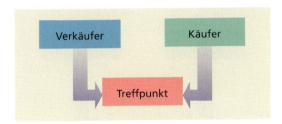

1 Verkäufer und Käufer müssen sich treffen.

Der Verkäufer muss Eigentümer mindestens eines Produktes sein, das er verkaufen will.

Der Käufer muss nicht nur ein Interesse an dem Produkt besitzen, sondern er muss auch über ausreichend Geld verfügen, um sich das Produkt kaufen zu können.

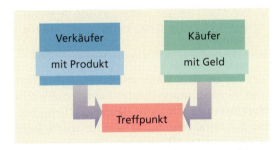

2 Verkäufer und Käufer müssen über etwas verfügen.

Ist der Verkäufer Besitzer eines Produktes und will es verkaufen, so kann er ein Verkaufsangebot gegenüber dem Kaufinteressenten machen. Der Verkäufer ist also ein **Anbieter.**

> **M** Anbieter sind Personen oder Betriebe, die Eigentümer von Produkten sind und diese verkaufen wollen.

Besitzt ein Käufer ein Interesse an einem angebotenen Produkt, so fragt er den Anbieter, ob er das angebotene Produkt erwerben kann. Der Käufer ist also ein **Nachfrager.** Er muss über genügend Geld verfügen.

> **M** Nachfrager sind Personen oder Einrichtungen, die über genügend Geld verfügen und Produkte kaufen wollen.

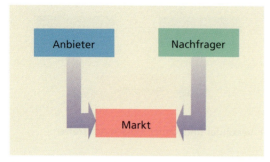

1 Anbieter und Nachfrager treffen aufeinander.

Damit Anbieter und Nachfrager sich treffen können, um einen Handel abzuschließen, benötigt man einen gemeinsamen Treffpunkt. Dieser wird **Markt** genannt. Er kann ein Ort sein, so wie der Wochenmarkt, aber auch das Internet.

> **M** Der Markt ist der Treffpunkt von Anbieter und Nachfrager, damit ein Handel zustande kommen kann.

Weil verschiedene Waren angeboten und nachgefragt werden, unterscheidet man verschiedene **Marktarten.** So gibt es für Häuser und Grundstücke den Immobilienmarkt oder für Spareinlagen und Kredite den Finanzmarkt. Sie sind unabhängig vom Ort und beschreiben die Gesamtheit aller Verkaufsorte für eine Warengruppe. Wir verkaufen unseren SOMA-Würfel auf dem Spielzeugmarkt.

Der Markt tritt also zwischen Anbieter und Nachfrager als Vermittler auf. Dies wird noch viel deutlicher, wenn man die Interessen der beiden Handelspartner darstellt.

Der **Anbieter** hat als vorrangiges Interesse die Erzielung eines möglichst hohen Gewinnes, er will Geld verdienen. Dazu muss er verkaufen und Angebote unterbreiten.

Natürlich ist es für den Anbieter am besten, wenn der Gewinn ohne größeren Aufwand erzielt wird. Es gibt Verkaufsstätten, die die Ware zum Teil unausgepackt anbieten, weil sie in größeren Mengen gekauft wird.

Es gibt aber auch spezielle Fachgeschäfte, die wenige, aber sehr teure Produkte anbieten. Sie können viel leichter einen größeren Gewinn in den hohen Preis mit einrechnen. Man muss also nicht unbedingt viel verkaufen, um geschäftlich erfolgreich zu sein.

Der **Nachfrager** hat als Marktteilnehmer ein vorrangiges Interesse an der Erzielung eines möglichst hohen persönlichen Nutzens. Er möchte in der Mehrzahl der Fälle das angebotene Produkt besitzen, weil er es braucht. Dazu will der Nachfrager für eine möglichst gute Qualität und eventuell auch große Menge einen niedrigen Preis bezahlen.

Wir stellen fest, dass sich die Interessen von Anbieter und Nachfrager in wesentlichen Punkten unterscheiden können. Deshalb kommt es nicht in jedem Fall zu einem Handel zwischen Anbieter und Nachfrager. Beide Seiten müssen unter Umständen viel Gespür und Menschenkenntnis besitzen, um die eigenen Interessen zu verwirklichen. Der Handel erfolgt heute überwiegend durch einen Austausch von Ware gegen Geld.

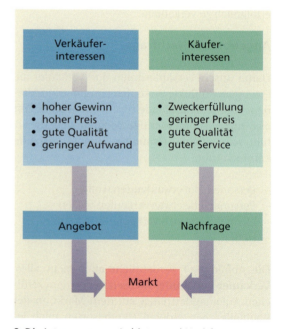

2 Die Interessen von Anbieter und Nachfrager

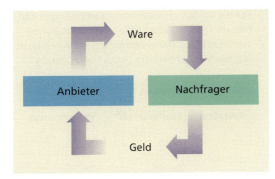

1 Der Handel als Ware-Geld-Tausch

Da Geld als Gegenleistung überbracht wird, müssen sich beide Seiten auf einen Preis einigen. Dieser Preis wird **Marktpreis** genannt. Der Nachfrager (Käufer) bezahlt den vereinbarten Marktpreis, und der Anbieter (Verkäufer) übergibt die Ware.

> **M** Der Marktpreis ist der Geldbetrag, auf den sich Anbieter und Nachfrager geeinigt haben.

Wie wir aus unserem Einkauf in verschiedenen Baumärkten wissen, ist der Marktpreis nicht gleich. Seine Höhe hängt von verschiedenen Faktoren ab. Diese sind u. a.:

Für den Anbieter:
– die Angebotsmenge,
– die Anzahl der Anbieter,
– die Höhe der entstandenen Kosten,
– der geplante Gewinn.

Für den Nachfrager:
– der zu erwartende Nutzen,
– die benötigte Menge,
– der zur Verfügung stehende Geldbetrag,
– die Höhe des Angebotspreises.

Um die Zusammenhänge besser zu verstehen, betrachten wir Fallbeispiele.

Die dargestellten **Fallbeispiele** besitzen Modellcharakter. Dies bedeutet, dass nur Wesentliches nachgebildet wird. Solange die Nachfrager z. B. mehrheitlich die geforderten Preise der Anbie-

ter bezahlen entspricht dies dem Modell des Geschehens. Bezahlen sie jedoch auch gesenkte Preise eines bestimmten Produktes nicht, z. B. weil sie glauben, dass die Qualität deshalb schlecht sein muss, so entspricht dies nicht dem Modell. Deshalb sollten unsere Verkäufer genau abwägen, ob sie den SOMA-Würfel zu veränderten Preisen anbieten.

Maßnahmen der Verkaufsförderung

Eine Voraussetzung für den Verkauf von Waren sind Maßnahmen zur **Verkaufsförderung.**

Die Abbildung 2 zeigt einige dieser Maßnahmen. Wichtig sind z. B. das Umfeld, das äußere Erscheinungsbild, die Persönlichkeit der Verkäuferin bzw. des Verkäufers und die Art und Weise der Warenpräsentation.

Zu den verkaufsfördernden Maßnahmen gehört auch, dass für die Ware ein ansprechendes **Informationsblatt** vorhanden ist, denn nicht jeder Interessent wird den SOMA-Würfel kennen. In der Klasse sollte auch diskutiert werden, ob eine Verpackung für die Ware sinnvoll ist und wie diese beschaffen sein könnte. Schließlich handelt es sich beim SOMA-Würfel um sieben Einzelteile.

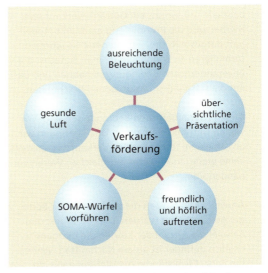

2 Ausgewählte Maßnahmen der Verkaufsförderung

Arbeitsmethode „Fallbeispiele erstellen"

Ausgangssituation formulieren

Unveränderliche Bedingungen bestimmen

Veränderliche Bedingungen bestimmen

Bedingungen untereinander kombinieren

Anzahl der Fallbeispiele festlegen

Ableiten verschiedener Situationen

Fallbeispiele stellen unterschiedliche Situationen dar, die aufgrund veränderlicher Bedingungen zustande kommen.

Die Ausgangssituation für die abzuleitenden Fallbeispiele soll für uns ein Getränkeverkauf sein. Hierbei wird die Preisbildung am Markt modellhaft dargestellt. Um verschiedene Situationen formulieren zu können, muss man zunächst die unveränderlichen Bedingungen nennen und damit die Ausgangssituation genau beschreiben.

Diese unveränderlichen Bedingungen sind: Wir wollen Getränke verkaufen. Dazu befinden wir uns an einem feststehenden Verkaufsort, an dem keine weiteren Anbieter mit gleichen Waren vorhanden sind.

Anschließend müssen die veränderlichen Bedingungen bestimmt werden. Dies ist in unserem Beispiel die Anzahl der Käufer, die morgens sicherlich geringer ist als am Nachmittag. Weiterhin ändert sich ständig die Warenmenge, da durch den Verkauf der Bestand verringert wird.

Für die beiden veränderlichen Bedingungen können wir die möglichen Fälle in einer Tabelle zusammenfassen. Dabei betrachten wir vereinfacht nur die Mengenbegriffe „hoch" und „gering".

Mögliche Situationen		
Situation	Käuferanzahl	Warenmenge
1	hoch	hoch
2	gering	hoch
3	gering	gering
4	hoch	gering

Anschließend werden die vier Situationen in Verbindung mit der Preisforderung des Anbieters gesetzt, damit dieser einen möglichst hohen Gewinn erzielen kann.

Preisbildung des Anbieters		
Käuferanzahl	Warenmenge	Preis
hoch	hoch	hoch
gering	hoch	niedrig
gering	gering	niedrig
hoch	gering	hoch

Zusammenfassend kann festgestellt werden, dass der **Anbieter** einen höheren Preis fordern kann, wenn viele Käufer ein Kaufinteresse zeigen. Der Anbieter sollte jedoch einen niedrigen Preis ansetzen, wenn nur wenige Käufer an der Ware interessiert sind.

1 Angebot und Nachfrage bestimmen den Preis auf Märkten.

TOMATEN

Italien

1·99

1 kg   I

1 Preisschild für Lebensmittel (lose Ware)

Preisschilder

Für jeden beabsichtigten Verkauf gilt grundsätzlich, dass ein Preisschild vorhanden sein muss. Es sind nur wenige Ausnahmen zugelassen, die keine Preisauszeichnung verlangen (z. B. der Verkauf von Antiquitäten) oder die eine von der zu erbringenden Dienstleistung getrennte Preisauszeichnung (z. B. das Preisverzeichnis in Geldinstituten) erlauben. Diese Ausnahmen und weitere Bestimmungen sind in der Preisauszeichnungsverordnung gesetzlich geregelt. Dazu gehören auch die Angaben auf einem Preisschild. Diese hängen von der Warenart und der Verpackung ab.

Wie uns das Preisschild für lose Ware zeigt, enthält es nicht nur eine Preisangabe. Wir finden hier auch:
– die Artikelbezeichnung „Tomaten",
– das Herkunftsland „Italien",
– die Güteklasse „I",
– die Menge „1 kg".

Auf unserem Preisschild müssten demnach folgende Angaben stehen:
– „SOMA-Würfel" als **Artikelbezeichnung,**
– „1 Stück" als **Mengenbezeichnung,**
– „3,50" als **Preis.**
Außerdem könnte man noch Zusatzinformationen aufbringen, wie den Namen des Herstellers, z. B. „Klasse 7b".

Beim Anfertigen eines Preisschildes sollten die wichtigsten Informationen größer geschrieben werden als alle übrigen Informationen. Für den Käufer ist die wichtigste Information der Preis, als der in Geld ausgedrückte Wert der Ware. Der Preis sollte auch aus einer größeren Entfernung (2–3 Meter) lesbar sein.

Die Buchstaben und Ziffern auf dem Preisschild müssen immer der Normschrift entsprechen. Diese haben wir im Abschnitt 3.2 „Grundlagen des Technischen Zeichnens" kennen gelernt. Als Material für das Preisschild kann dickes weißes und unliniertes Papier verwendet werden.

Vorteilhaft ist es, das Preisschild mehrfach anzufertigen, um stets Ersatz für beschädigte oder verschmutzte Preisschilder vorrätig zu haben.

Die Preisschilder können mit der Hand gezeichnet werden. Dazu ist es allerdings nötig, Hilfslinien zu ziehen, wie in der Abbildung 1 dargestellt. Diese Hilfslinien begrenzen die einzutragenden Zeichen jeweils oben und unten.

Zum Herstellen eines Preisschildes am Computer kann ein Zeichenprogramm oder ein Textverarbeitungsprogramm verwendet werden.
Neben der Anfertigung der Preisschilder könnten kleine Klebezettel mit Produktinformationen, wie „Handarbeit" oder „Aus umweltfreundlichen Werkstoffen hergestellt" beschriftet und auf dem SOMA-Würfel angebracht werden.

2 Preisangaben an Tankstellen

So machen es die Betriebe

Die letzte Phase der betrieblichen Produktionsprozesse ist der **Absatz.** Hier beeinflusst der Betrieb am unmittelbarsten, ob die eingesetzten Geldmittel in den Betrieb zurückfließen können, so dass die Produktion fortgeführt werden kann.

Zum Funktionsbereich Absatz gehören **Marktforschung, Werbung** und **Verkauf.**

M Absatz ist ein betrieblicher Funktionsbereich, der sich mit der Erkundung und Beeinflussung des Marktes sowie dem Verkauf der Produkte und Leistungen befasst.

Die zentrale Aufgabe des Absatzes ist der Verkauf. Dabei gehen die Betriebe unterschiedliche Wege.

1 Mögliche Absatzwege von Produkten

Der Traditionsbetrieb ROKOMA Konfitüren und Feinkost GmbH aus Rostock verkauft einen Teil seiner Produkte an verschiedene Großhändler, die ihrerseits unterschiedliche Handelseinrichtungen beliefern. Ein weiterer Teil wird an den Discounter NETTO verkauft, der über das Zentrallager in Stavenhagen seine einzelnen Verkaufseinrichtungen deutschlandweit beliefert. Beide **Absatzwege** (über Großhändler und über Zentrallager großer Handelsketten) werden als **indirekter** Absatzweg bezeichnet.

2 Produkte, die über Großhändler und Zentrallager indirekt den Verbraucher erreichen

Viele Imker des Landes verkaufen Honig und andere Produkte ihrer Bienenvölker direkt an ihre Kundschaft. Dies erfolgt z. B. zu Hause oder auf Wochenmärkten. Deshalb handelt es sich um **direkte** Absatzwege.

Ein Unternehmen muss markt- und kundenorientiert geführt werden, um erfolgreich zu sein. Vor allem größere Betriebe betrachten im Zusammenhang mit dem Verkauf der Produkte immer folgende zentrale Fragestellungen:
1. Welche Aktivitäten haben Konkurrenzunternehmen in letzter Zeit unternommen?
2. Was sollte in welcher Menge angeboten werden?
3. Zu welchen Bedingungen sollten die Produkte angeboten werden?
4. Welche Maßnahmen sollten für einen erfolgreichen Verkauf ergriffen werden?
5. Welche Absatzwege sollten gewählt werden?

Die Beantwortung dieser Fragen dient letztlich dazu, Kaufentscheidungen herbeizuführen. Alle darauf gerichteten betrieblichen Maßnahmen werden unter dem Begriff **Marketing** zusammengefasst. Dieses stellt die Absatzpolitik eines Betriebes dar.

3 Honig aus Mecklenburg-Vorpommern

6.2 Werbung als Mittel der Absatzförderung

Ziele der Werbung

„Klappern gehört zum Geschäft" lautet eine alte Kaufmannsweisheit. Sie besagt, man muss auf sich aufmerksam machen, um geschäftlich erfolgreich zu sein. Die **Werbung** ist ein wesentliches Instrument, um den Verkauf der Produkte zu sichern.

Werbung soll:
– den Kontakt zwischen Anbieter und Nachfrager herstellen,
– über das Produkt informieren,
– den Bekanntheitsgrad des Produktes, des Markennamens bzw. des Herstellers verbessern,
– die Verkaufsmenge steigern,
– das Kaufverhalten beeinflussen,
– neue Kunden gewinnen.

1 Ausgewählte Werbeträger

M Werbung beeinflusst das Käuferverhalten und ist deshalb ein wesentliches Instrument zur Absatzförderung.

Wir sind also gut beraten, wenn wir für den Verkauf unseres Produktes ausreichend werben. Wie aber macht man das?

Werbeträger und Werbemittel

Werbung soll Kontakte zwischen Anbieter und Nachfrager herstellen. Dazu sind verschiedene Kommunikationsmittel möglich. Dabei wird zwischen Werbeträger und -mittel unterschieden.

M Werbeträger sind die Transporteure der Werbebotschaft. Es sind Gegenstände oder Einrichtungen.

Eine besondere Bedeutung als Werbeträger besitzt die Website im Internet. Hier wirbt man umfassend, ständig und weltweit kostengünstig für seine Angebote. Nutzt man gleichzeitig traditionelle Werbeträger, kann die Werbebotschaft hier

kürzer sein. Bei Angabe der Internetadresse kann der Interessent weitere Informationen auf der Website einholen.

M Werbemittel sind visuelle und/oder akustische Ausdrucksmittel, die die Werbebotschaft enthalten.

Das **Verkaufsgespräch** besitzt als Werbemittel eine besondere Bedeutung. Es ist praktisch kostenlos und schafft einen unmittelbaren Kontakt zum Kunden. Dadurch kann der Händler direkt erfahren, warum die angebotene Ware gekauft oder nicht gekauft wird.

2 Wesentliche Werbemittel

Grafische **Werbemittel** können u. a. Zeitungsanzeigen, der Inhalt eines Werbebriefes, Fotocollagen, Zeichnungen, Cartoons oder die Abbildung auf Plakaten sein.

 Werbeträger und Werbemittel werden immer kombiniert eingesetzt.

Inhaltliche Hinweise zur Werbung

Die Nutzung von Werbeträgern und Werbemitteln reicht aber allein nicht aus. Werbung soll nicht nur Aufmerksamkeit erregen, sondern vor allem überzeugen.

Ein **Kunde** kauft das Produkt eher, je wichtiger es für ihn ist. Dieses Verhalten wird noch verstärkt, wenn der Käufer weiß, dass er das Produkt woanders nicht bekommt. Der geforderte Preis spielt dann eine untergeordnete Rolle. In der Fachliteratur wird dieses Verhalten mit dem Begriff **„typisches Nachfrageverhalten"** umschrieben. Wir sollten dem Kunden also deutlich machen, wie wichtig unser Produkt für ihn ist.

Eine Möglichkeit, diesen Gedanken umzusetzen, ist die Formulierung raffinierter Werbesprüche. Ein guter **Werbespruch** ist ein kurzer und einprägsamer Satz. Er soll den Käufer bei seiner Kaufentscheidung auch zu einem späteren Zeitpunkt noch beeinflussen.

Eine weitere Möglichkeit, das Interesse beim Kunden für das Produkt zu wecken, ist die Demonstration des Nutzens unter gleichzeitiger Angabe von Kaufgründen.

Wirkungsvolle Werbeträger für unseren SOMA-Würfel sind **Plakate.** Sie können überall in der Schule aufgehängt werden und so über den Ort, den Zeitpunkt und die Dauer unseres Verkaufes informieren. Zusätzlich sollten inhaltlich völlig andere Plakate am Verkaufsort die Zweckmäßigkeit unseres Produktes verdeutlichen. Schließlich muss man die Interessenten neugierig machen und sie informieren.

Arbeitsmethode „Plakatanfertigung ohne Computer"

Der Arbeitsalgorithmus zum Erstellen eines Plakates ist abhängig von den Hilfsmitteln, die unterstützend verwendet werden. Als Materialquellen können Broschüren, Kataloge, Faltblätter und sonstige gedruckte Erzeugnisse dienen.

Eine Prinzipskizze stellt die grundsätzliche Verteilung der Überschrift, der Textblöcke und der Abbildungen dar. Sie ist die Arbeitsgrundlage für die technische und inhaltliche Umsetzung. Bei der Suche nach einer optimalen Gestaltungsvariante ist es empfehlenswert, mehrere Prinzipskizzen anzufertigen. Hinweise zur Darstellung und Anordnung können dem Abschnitt „Grundsätze der Plakatgestaltung" entnommen werden.

Mögliche Kriterien zur Bewertung der Arbeitsergebnisse sind:
– Umsetzung des Themas,
– Farbzusammenstellung,
– Größenverhältnisse,
– Objektanordnung,
– Originalität,
– Gesamteindruck.

Grundsätze der Plakatgestaltung

Nachfolgend wird dargestellt, was bei der **Gestaltung von Plakaten** zu beachten ist, um gute Ergebnisse zu erzielen.

A – Farbauswahl

Die Farbauswahl betrifft in erster Linie die Hintergrund- und die Schriftfarben.

Der Hintergrund kann ein- und mehrfarbig sein, aber auch als Farbverlauf, mit Struktur oder einer Abbildung gestaltet werden.

Die Hintergrundfarbe sollte, wenn möglich, dem Thema entsprechen. Das hängt von der beabsichtigten Aussage des Plakates ab.

1 Verschiedene Hintergrundgestaltungen

Die Wahl der Schriftfarbe wird durch die Hintergrundfarbe beeinflusst. Entscheidend ist dabei immer eine gute Lesbarkeit des Textes.
Wie die Abbildung 2 zeigt, ist die Lesbarkeit des Textes umso deutlicher, je größer und gleichmäßiger die Helligkeitsunterschiede sind.

2 Sechs Kombinationen von Hintergrundfarben oder -strukturen mit einer Schriftfarbe

M Bei der Farbauswahl gilt: Dunkle Schrift auf hellem Hintergrund bzw. helle Schrift auf dunklem Hintergrund.

B – Schriftart

Die Schriftart kann die Lesbarkeit, aber auch die spezifische Aussagekraft des Plakates verbessern. Schriftarten werden zu Schriftfamilien zusammengefasst.

3 Schriftfamilien, v. l. o.: serifenlose Schriften, Serifenschriften; v. l. u.: Hohlschriften, Schreibschriften

Für ein Plakat sollten höchstens zwei Schriftarten verwendet werden. Die Normschrift garantiert eine sehr gute Lesbarkeit und sollte daher immer mit verwendet werden.

C – Objektgröße

Die Größe von Abbildungen und Texten ist immer so zu wählen, dass deren Aussage deutlich erkennbar ist.

4 Erkennbarkeit der Abbildung (oben) und unwirkliche Größenverhältnisse (unten)

Eine besondere Bedeutung besitzt die Titelzeile (Überschrift) des Plakates. Sie muss in einem deutlich größeren Schriftgrad als die übrigen Texte geschrieben werden. Die Zeichen erhalten gleichfalls eine breitere Linienstärke. Die Überschrift muss ausreichend frei stehen, damit sie sofort vom Betrachter erfasst wird.

Der Einsatz auffälliger Farben kann diesen Effekt zusätzlich verstärken. Die Abbildung 1 verdeutlicht eindrucksvoll den Unterschied zwischen ungünstiger (oben) und günstiger (unten) Überschriftengestaltung.

1 Überschriftengestaltung

> **M** Die Titelzeile ist stets größer als der Text zu schreiben und frei stehend einzutragen.

D – Objektanordnung

Beim Positionieren von Abbildungs- und Textobjekten ist planvoll vorzugehen. Drei Grundsätze sind dabei besonders zu beachten:

1. Das Plakat darf nicht mit Abbildungen und Texten überladen werden.

> **M** Bei der Gestaltung gilt der Grundsatz „Weniger ist mehr!"

2 Auf Wesentliches konzentrieren

2. Das Dreieck als gestalterisches Anordnungsprinzip

3 Dreiecksformen als Anordnungsprinzip

Die Dreiecksform wird in der Gestaltung oft verwandt. Eine positive Grundstimmung wird dann erzeugt, wenn das Dreieck nach oben hin spitz zuläuft (Abb. 3, links), der umgekehrte Fall erzeugt eher eine gedrückte Stimmung (Abb. 3, rechts).

Aus diesem Gestaltungsprinzip ergibt sich auch die Grundaussage, dass alle größeren Abbildungen und Textblöcke, wenn möglich, in der unteren Plakathälfte anzusiedeln sind. Die obere Hälfte sollte vor allem von freien Flächen gekennzeichnet sein. Ein Beispiel hierfür ist die Abbildung 2, „Auf Wesentliches konzentrieren".

> **M** Große Abbildungen und Textblöcke kommen in die untere Plakathälfte.

3. Leserichtung

Die Anordnung von Textobjekten und Abbildungen in Quer- und Hochlage sollte vorzugsweise unter Beachtung der **Leserichtung** erfolgen. Dies erleichtert dem Betrachter das Erfassen des Plakatinhaltes.

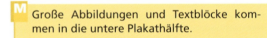

4 Leserichtung auf Plakaten

E – Plakaterschließung

Ein gut gestaltetes Plakat erkennt man daran, dass der Betrachter schnell und unkompliziert die wesentlichen Aussagen erfasst. Besonders zwei „Tricks" sind anzuwenden.

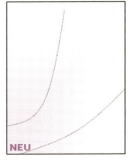

1 Blickfang und Blickführung

Jedes Plakat benötigt einen **Blickfang.** Dies ist ein besonders auffälliger Bereich des Plakates, den die Betrachter in der Mehrzahl zuerst in Augenschein nehmen. Damit ist die Aufmerksamkeit für das Plakat geweckt.

Anschließend wird durch die besondere Anordnung von Abbildungen und Textelementen der Betrachter zur Hauptaussage des Plakates geführt. Man spricht in diesem Fall von **Blickführung.**

M Blickfang und Blickführung erleichtern dem Betrachter das Erfassen des Plakatinhaltes.

2 Plakatbeispiele

So machen es die Betriebe

Kein Betrieb ist weltweit mit seiner vollständigen Produktpalette so bekannt, dass er auf Werbung verzichten kann. Sie ist eine wesentliche Maßnahme, um den Fortbestand des Betriebes zu sichern und seine Marktpositionen auszubauen. Die Betriebe geben durchschnittlich 10 % ihres Gewinns für Werbezwecke aus.

Die **Mediawerbung** ist ein zentrales Instrument aller Werbemaßnahmen. Geworben wird mit Annoncen und Artikeln in Zeitungen und Zeitschriften sowie mit Sendungen im Fernsehen und im Radio. Auch die Außenwerbung, wie Plakatflächen und Leuchtwerbung, zählen dazu.

3 Plakatwerbung

Zur begleitenden **Verkaufsförderung** gehören Probierpackungen, Vorführungen, werbeunterstützendes Material für den Verkauf (z. B. Aufsteller), die Schaufenstergestaltung und Messen.

Die **Direktwerbung** richtet sich unmittelbar an mögliche Interessenten. Weit verbreitet ist das Versenden von Handzetteln, Werbebriefen und Katalogen sowie der Besuch von Außendienstmitarbeitern.

Die **Öffentlichkeitsarbeit** konzentriert sich auf die Verbesserung des Erscheinungsbildes des Unternehmens. Hierzu werden Betriebsführungen, Tage der offenen Tür und Pressekonferenzen durchgeführt sowie Werbegeschenke und Druckerzeugnisse mit Informationen über den Betrieb verteilt.

6.3 Ableiten von Schluss-
folgerungen

Der Verkauf unserer SOMA-Würfel verlief sehr erfolgreich. Einen großen Anteil daran hatten unsere Werbemaßnahmen. Besonders die persönlichen Gespräche und die praktischen Informationszettel haben überzeugt.

Nach Abschluss des Verkaufes stehen wir vor der Neubewertung der im Kapitel 2 aufgeworfenen einfachen Frage:

Was machen wir mit dem von uns erwirtschafteten Gewinn?

Investition oder Konsum

Uns wird schnell klar, dass es mehrere Möglichkeiten der **Gewinnverwendung** gibt. Sie sind davon abhängig, ob wir weiter produzieren oder unsere Geschäftstätigkeit einstellen wollen. Die Entscheidung darüber kann in einer Mitarbeiterversammlung fallen. Zuvor sollten alle Vor- und Nachteile abgewogen werden.

Für die Gewinnverwendung stehen zwei Möglichkeiten zur Auswahl.

Wir können das Geld für zusätzliche Werkstoffe oder für bessere und zusätzliche Maschinen ausgeben. Die Verbesserung der Lagermöglichkeiten, die Ausweitung des Absatzgebietes, die Intensivierung und neue For-

men der Werbung bieten noch weitere Möglichkeiten der Gewinnverwendung.
Alle genannten Möglichkeiten haben das Ziel, zukünftige Gewinne des Betriebes zu erzielen bzw. zu vermehren. Finanzvorgänge dieser Art werden als **Investition** bezeichnet. Die Gewinne werden investiv verwendet.

> **M** Bei der Investition werden Geldmittel ausgegeben, die eine zukünftige Gewinnsteigerung ermöglichen.

Im Gegensatz zur investiven Gewinnverwendung kann man das Geld natürlich auch ausgeben, um sich Wünsche zu erfüllen. Dies kann z. B. die teilweise oder vollständige Finanzierung einer Klassenfeier, einer Klassenfahrt, eines Kinobesuches oder einer Sportveranstaltung sein.

Natürlich kann man den Gewinn auch auf alle Mitarbeiter aufteilen, so dass sich jeder Schüler persönliche Wünsche erfüllen kann. Finanzvorgänge dieser Art werden als **Konsum** bezeichnet. Die Gewinne werden konsumtiv verwendet.

> **M** Beim Konsum werden Geldmittel für den privaten Verbrauch ausgegeben.

Natürlich wollen wir den Gewinn für eine gemeinsame Klassenveranstaltung verwenden. Allerdings deckt der erzielte Gewinn aus dem ersten Verkauf noch nicht die vollständigen Veranstaltungskosten. Wir wollen diese aber möglichst selbst erarbeiten, damit alle Mitarbeiter daran teilnehmen können.

Wie können wir erfolgreich bleiben?

Mit der Entscheidung zum Fortführen der Produktion stehen wir vor einem neuen Problem:

Es ist höchst ungewiss, ob ein zweiter Verkauf bei gleichen Bedingungen erfolgreich bleibt. Deshalb sind neue Maßnahmen notwendig, um unsere Marktchancen zu verbessern. Zu diesem Zweck betrachten wir einfach grundlegende Funktionsbereiche.

Maßnahmen in der Produktentwicklung

Jeder Betrieb kommt irgendwann mal in die Lage, dass ein Produkt aufgrund einer auftretenden Marktsättigung nicht mehr so häufig gekauft wird. Für diesen Fall gibt es zwei Möglichkeiten, die Marktentwicklung für sich zu beeinflussen.

1. Wir verändern das Produkt

Für den SOMA-Würfel können u. a. folgende Varianten in Betracht gezogen werden:
– Mini-Ausgabe in halber Größe (Quadratleistenquerschnitt 10 mm × 10 mm),
– Wahl eines anderen Anstrichstoffes,
– Einfarbigkeit bzw. Mehrfarbigkeit,
– Auftragen von Mustern (Punkte, Wellenlinien),
– Neuentwurf durch Neukonstruktion,
– Zusatzartikel (Aufbewahrungsschachtel, Präsentationsunterlage).

Diese Möglichkeit ist eher dazu geeignet, das eigene Produkt vielseitiger anzubieten.

2. Wir stellen andere Produkte her

Hierbei gibt es zwei grundsätzliche Varianten. Entweder entwickelt man ein Produkt, das der gleichen Produktgruppe (in unserem Fall also ein anderes Logikspielzeug) entspricht, oder man wendet sich einer völlig anderen (also betriebsfremden) Produktgruppe zu.

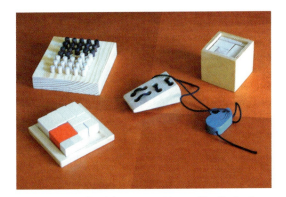

1 Weitere Logikspielzeuge, geeignet für die Fertigung in einer Schülerfirma

2 Ein Schulbasar in Hagenow

Durch ein anderes Logikspielzeug werden vor allem bekannte Käuferschichten angesprochen. Durch völlig neue Produktgruppen können bekannte und neue Käuferschichten angesprochen werden. Dies hängt natürlich auch von der neuen **Produktidee** ab. Da wir in Kapitel 2 mehrere Produktideen entwickelt und untersucht haben, ist eine diesbezügliche Entscheidungsfindung nicht so aufwändig.

Die Möglichkeit, andere Produkte in das eigene Angebotsprofil aufzunehmen, ist vor allem dazu geeignet, sich ein weiteres Standbein aufzubauen. Mithilfe des zweiten Standbeines kann der Betrieb viel leichter Einbußen eines zeitlich beschränkt rückläufigen Geschäftsbereiches ausgleichen. Man ist einfach flexibler.

Maßnahmen in der Produktherstellung

Erfolgreich bleiben bedeutet aber auch, dass die Fertigung des Produktes ständig optimiert wird. Dabei steht die Senkung der Herstellungskosten im Mittelpunkt. Hierzu können verschiedene Maßnahmen beitragen.

1. Wir senken die Einkaufspreise

Bei der Berechnung des **Kalkulationspreises** haben wir feststellen müssen, dass uns die meisten Kosten durch den **Materialeinkauf** entstehen. Deshalb muss die Beschaffung ständig auf der

Suche nach dem zur Zeit günstigsten Anbieter sein. Dies bedeutet:
- mehrere Händler vergleichen,
- neue Händler ausfindig machen (z. B. einen Baustoffhändler, der auch Holzleim führt),
- qualitativ gleichwertige Produkte unterschiedlicher Hersteller bei einem Anbieter vergleichen und
- die ständige Beobachtung des Marktes nach kurzzeitigen Sonderangeboten.

Ein günstigerer Einkauf vergrößert bei gleich bleibenden eigenen Marktpreisen den **Gewinn.**

1 Sägen mit Anschlag

2. Wir verringern den Ausschuss

Das Logik-Steckspielzeug SOMA-Würfel erfordert ein hohes Maß an Genauigkeit und die exakte Ausführung aller Arbeitsschritte. Deshalb kann der Anteil unbrauchbarer ungenauer Werkstücke, die als Ausschuss bezeichnet werden, hoch sein. Zusätzliches Material muss beschafft werden, so dass erneut Kosten entstehen. Sorgfältiges und genaues Arbeiten ist sehr wichtig.

3. Wir bauen und nutzen Anschlagvorrichtungen

Im Abschnitt 4.2 stellten wir den Arbeitsablaufplan für den SOMA-Würfel auf. Dabei wurde deutlich, dass für einen einzigen SOMA-Würfel eine Vielzahl gleichartiger Holzquader mit den Längenmaßen 20 mm, 40 mm und 60 mm anzufertigen sind. Wenn man die neue Losgröße mit 20 oder mehr SOMA-Würfeln festlegt, kommen schnell Hunderte gleichartiger Holzquader zusammen. Diese müssen durch Sägen von Quadratleisten hergestellt werden.

Benutzt man dazu eine **Sägelade,** so kann diese unproblematisch mit einem **Anschlag** versehen werden. Dazu ist ein entsprechend großer Holzklotz in der Sägelade so zu befestigen, dass eines der drei Längenmaße (also 20 mm, 40 mm oder 60 mm) bei Anlegen der Quadratleiste im Anriss erreicht wird. Die Befestigung dieses Anschlages (Holzklotz) kann auf verschiedene Art erfolgen.

Alle Werkstücke werden durch Verwendung des Anschlages gleich lang. Mit dem Einsatz verringert sich die Fertigungszeit erheblich, denn es fällt z. B. der gesamte Arbeitsschritt „Anreißen der Länge" weg.

4. Wir verwenden eine Gehrungssäge

Ein weiteres Problem kann das genau senkrechte Sägen sein. Bei Benutzung einer **Gehrungssäge** (siehe S. 117, Abb. 1) ist durch die vorhandenen Führungshilfen das rechtwinklige Sägen garantiert. Zusätzlich könnte der Schleifaufwand gesenkt werden und auch hier ein Anschlag zum Einsatz kommen.

5. Wir verändern das Fertigungsprinzip

Je öfter ein Arbeitsschritt von einer Person ausgeführt wird, desto perfekter wird er oder sie in dessen Umsetzung. Die Qualität der Werkstücke kann infolge dessen besser werden.

Die erste Fertigungsserie wurde von uns in der Werkbankfertigung (siehe Abschnitt 5.2) vorgenommen. Jeder Mitarbeiter musste alle Arbeitsschritte selbst ausführen.

Es sollte in der Klasse diskutiert werden, ob ein anderes **Fertigungsprinzip,** z. B. die **Werkstättenfertigung**, nicht günstigere Effekte mit sich bringt. Probiert es einfach mal aus!

```
                    Betriebsgelände

    ┌─────────┬─────────────┐    ┌──────────────┐
    │ Sägerei │ Schleiferei │    │   Montage    │
    └─────────┴─────────────┘    └──────────────┘
    ──────────────────────────────────────────────▶
    ◀──────────────────────────────────────────────

    ┌─────────┬─────────────┐    ┌──────────────┐
    │  Lager  │ Verpackung  │    │  Lackiererei │
    └─────────┴─────────────┘    └──────────────┘
```

1 Werkstättenfertigung

2 Werbepost „An alle Haushalte in Schwerin"

Maßnahmen des Absatzes

Wir haben gelernt, dass dem Absatz durch den unmittelbaren Kontakt mit den Kunden eine große Bedeutung zukommt. Auch hier gibt es verschiedene Möglichkeiten, das Verkaufsergebnis zu verbessern. Zwei werden dargestellt.

1. Verbessern der Werbung

In einer Mitarbeiterversammlung sollten verschiedene Maßnahmen für eine effektivere Werbung diskutiert werden. Diskussionsschwerpunkte könnten sein:
– Neugestaltung der Werbeplakate,
– Formatänderung der Plakate,
– Erhöhung der Aufmerksamkeit (wandelnde Plakate, Austeilen von Handzetteln),
– Trainieren von **Kundengesprächen** und
– Formulierung von **Verkaufsargumenten.**
Selbstverständlich hängt die Notwendigkeit von dem bisherigen Erfolg durchgeführter Werbemaßnahmen ab.

2. Vergrößern des Absatzgebietes

Da der SOMA-Würfel kein Verbrauchsgegenstand ist, sind wir an größere Verkaufszeiträume oder an wechselnde Verkaufsstätten gebunden. Damit neue **Absatzgebiete** erschlossen werden, ist ein erhöhter Planungs- und Vorbereitungsaufwand notwendig. So müssen z. B. Kontakte zu Flohmärkten, Kindertagesstätten, Vereinen oder Nachbarschulen hergestellt werden. Den entsprechenden Entscheidungsträgern muss u. a. die Absicht eines Verkaufsnachmittags vorgestellt werden.

So machen es die Betriebe

Die **Gewinnverwendung** erfolgt in Betrieben sehr unterschiedlich. Die Sicherung und der Ausbau eigener Marktpositionen besitzt dabei oberste Priorität. Dies bedeutet, dass das Geld vor allem für Maßnahmen verwendet wird, die dafür sorgen, dass im nachfolgenden Geschäftsjahr mindestens genauso viel wie im abgelaufenen Jahr verkauft wird.

3 Betriebe bauen neue Produktionsstätten.

6.4 Berufliches Selbstkonzept direkt: Ausbildungsinhalte

Die Ausübung eines Berufes erfordert viel Wissen und Können. Deshalb dauert die Ausbildung meistens drei Jahre. Diese erfolgt in einer **Berufsschule** und in einem **Ausbildungsbetrieb.** Alle Auszubildenden lernen und arbeiten an festgelegten Tagen in der Berufsschule und an den anderen Tagen im Ausbildungsbetrieb.

Was lernen die Auszubildenden aber in der ganzen Zeit? Am Beispiel „Kaufmann/-frau im Einzelhandel" wird dies hier auszugsweise dargestellt.

Im Ausbildungsbetrieb:

Im ersten Ausbildungsjahr:

– die Annahme von Waren und deren Kontrolle
– das Überprüfen der Lieferscheine
– die Vorbereitung der Waren für den Verkauf

Im zweiten Ausbildungsjahr:

– das Überwachen der Lagerbestände
– die Bedienung der Kasse
– die einzuhaltenden Vorschriften

Im dritten Ausbildungsjahr:

– die Anwendung verschiedener Werbemaßnahmen
– die Kostenarten
– das Berechnen von Gewinn und Verlust

Damit allen Auszubildenden bis zum Ende ihrer Ausbildung etwa das gleiche Wissen und Können vermittelt wird, gibt es genaue Festlegungen, was in Berufsschule und Ausbildungsbetrieb gelehrt und gelernt werden soll. Diese Inhalte gelten einheitlich in ganz Deutschland.

Eine solche Festlegung ist z. B. die „Verordnung über die Berufsausbildung zum Kaufmann/zur Kauffrau im Einzelhandel".

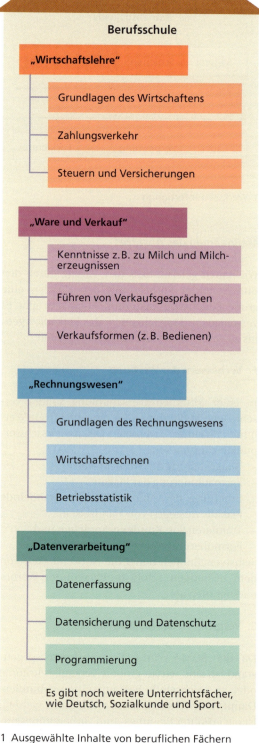

Berufsschule

„Wirtschaftslehre"

Grundlagen des Wirtschaftens

Zahlungsverkehr

Steuern und Versicherungen

„Ware und Verkauf"

Kenntnisse z. B. zu Milch und Milcherzeugnissen

Führen von Verkaufsgesprächen

Verkaufsformen (z. B. Bedienen)

„Rechnungswesen"

Grundlagen des Rechnungswesens

Wirtschaftsrechnen

Betriebsstatistik

„Datenverarbeitung"

Datenerfassung

Datensicherung und Datenschutz

Programmierung

Es gibt noch weitere Unterrichtsfächer, wie Deutsch, Sozialkunde und Sport.

1 Ausgewählte Inhalte von beruflichen Fächern

Aufgaben

Kapitel 6.1

1. Welche sieben Voraussetzungen müssen erfüllt sein, damit ein Handel zustande kommt?

2. Im Text auf S. 132 wurden die Marktarten Immobilienmarkt, Finanzmarkt und Spielzeugmarkt erläutert.

   Nenne und erläutere fünf weitere Arten!

3. Erläutere die Interessen des Anbieters und des Nachfragers von SOMA-Würfeln!

4. Stelle verschiedene Fallbeispiele für den Verkauf von Eis auf!

5. Fertige unter Einbeziehung des Textes von Abschnitt 2.2 „Entscheiden für eine Produktidee" eine Zusammenstellung von Kaufargumenten für den SOMA-Würfel an!

6. Entwerfe ein Informationsblatt zum SOMA-Würfel unter Einbeziehung der Aufgabe 5 und des Textes „Geschichte des SOMA-Würfels" im Abschnitt 2.2 „Entscheiden für eine Produktidee"!

7. Notiere Verpackungsmöglichkeiten für den SOMA-Würfel!

8. Stelle eine Verpackung als Muster her!

9. Fertige ein Preisschild für den SOMA-Würfel in Normschrift auf kartonstarkem Papier an!

10. Fertige ein Preisschild für den SOMA-Würfel mit dem Computer an und drucke das Ergebnis aus!

11. Nenne außer den im Abschnitt 6.1 genannten Beispielen mindestens zwei weitere für den indirekten und direkten Absatz von Produkten!

Kapitel 6.2

12. Fertige ein Schaubild zum Thema „Ziele der Werbung" an!

13. a) Sammle Fotomaterial, das verschiedene Werbeträger darstellt!
    b) Fertige in Anlehnung an die Abbildung „Ausgewählte Werbeträger" auf S. 137 eine geordnete und bebilderte Präsentation auf einem DIN-A3-Blatt oder mit dem Computer an!

14. Entwerfe die Startseite einer Internetpräsentation für den Verkauf des SOMA-Würfels auf einem Blatt Papier oder mit dem Computer!

15. a) Gestalte mit einem Partner/einer Partnerin ein Verkaufsgespräch zum SOMA-Würfel so, dass es einen Anbieter und einen Nachfrager gibt!
    b) Führt euer Verkaufsgespräch der Klasse vor!

16. Entwerfe eine Radioansage zum Verkauf des SOMA-Würfels und stelle sie der Klasse vor!

17. Fertige mit einem Partner/einer Partnerin einen Videospot zum Verkauf des SOMA-Würfels an und führe ihn der Klasse vor!

18. Formuliere drei Werbesprüche zum SOMA-Würfel!

19. Denke dir einen SOMA-Würfel-Song aus!

20. Entwerfe drei Prinzipskizzen für ein Informationsplakat zum SOMA-Würfel!

21. Entwerfe drei Prinzipskizzen für ein Verkaufsplakat!

22. Fertige ein Plakat zum SOMA-Würfel unter Berücksichtigung der Aussagen des Abschnittes „Grundsätze der Plakatgestaltung" an!

23. a) Fertige ein Plakat zum SOMA-Würfel mit bewusst eingefügten Gestaltungsfehlern an!
    b) Stelle deinen Mitschülern das Plakat vor und lasse sie die Gestaltungsfehler benennen!

24. Fertige eine Präsentation zum Thema „Mediawerbung" an!

25. Sammle vorhandene Werbegeschenke, die du zu Hause findest, und stelle sie deinen Mitschülern vor!

26. Entwerfe ein Logo für euren Schülerbetrieb!

Kapitel 6.3

27. Worin besteht der Unterschied von Investition und Konsum?

28. a) Führe eine finanzielle und organisatorische Planung einer Klassenveranstaltung schriftlich durch!
    b) Stelle deine Ergebnisse der Klasse vor!

29. Entwerfe eine Präsentationsunterlage für den SOMA-Würfel!

30. Fertige ein Inhaltskonzept zur Durchführung eines Verkaufsbasars in einer Kindertagesstätte an!

31. Ermittle unter zusätzlicher Einbeziehung von Abschnitt 4.1 die Anzahl der zu fertigenden SOMA-Holzquader mit den Längenmaßen 20 mm, 40 mm und 60 mm für eine Losgröße von 22 SOMA-Würfeln!

32. Erläutere mindestens drei Möglichkeiten der Befestigung des Anschlagklotzes in der Sägelade!

33. Stelle in einem Vortrag die Werkbankfertigung, die Werkstättenfertigung und die Fließfertigung gegenüber!

Kapitel 6.4

34. Recherchiere im Internet, welche Inhalte im Fach Wirtschaftslehre zum Thema „Zahlungsverkehr" unterrichtet werden, und notiere deine Ergebnisse!

35. Ermittle durch Beobachten oder Befragen, welche Tätigkeiten von einem Kaufmann/einer Kauffrau auszuführen sind, und notiere deine Ergebnisse!

36. Recherchiere im Internet, welche Inhalte im Fach Rechnungswesen zum Thema
    a) „Wirtschaftsrechnen" und
    b) „Betriebsstatistik"
    unterrichtet werden. Notiere die Ergebnisse!

37. a) Ermittle durch Beobachten oder Befragen, mit welchen Arbeitsmitteln ein Kaufmann/eine Kauffrau welche Arbeitstätigkeiten ausführt!
    b) Stelle alle deine Ergebnisse in einer Tabelle zusammen!

Das Wichtigste im Überblick

Anbieter – Markt – Nachfrager

Absatzwege

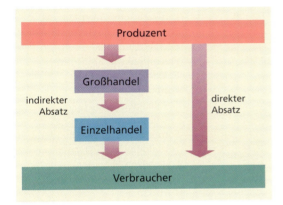

Grundsätze der Plakatgestaltung

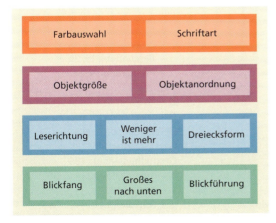

Ausgewählte Möglichkeiten der Verkaufsförderung

Marktpreisbildung

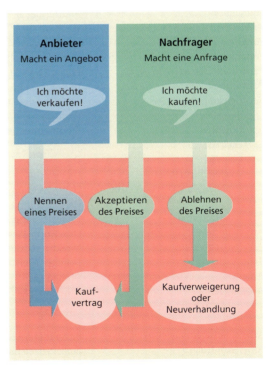

Register

Verzeichnis der Arbeitsmethoden